Michaela Sambanis / Christian Ludwig

HAPPY LEARNING

GLÜCKLICH UND ERFOLGREICH SPRACHEN LERNEN

Hueber

3. 2. 1. | Die letzten Ziffern
2028 27 26 25 24 | bezeichnen Zahl und Jahr des Druckes.
Alle Drucke dieser Auflage können, da unverändert, nebeneinander benutzt werden.
1. Auflage

Umschlaggestaltung: wentzlaff | pfaff | güldenpfennig GmbH, München
Titelbild: © Enzo - stock.adobe.com
Layout und Satz: Memminger MedienCentrum Druckerei und Verlags-AG, Memmingen
Illustrationen und Icons: Anastasia Sambanis, Berlin
Grafische Darstellungen: Paul Scheffler, Berlin
Verlagsredaktion: Hans Hillreiner, Hueber Verlag, München
Druck und Bindung: Friedrich Pustet GmbH & Co. KG, Regensburg
Printed in Germany
ISBN 978-3-19-991741-0

Art. 530_30714_001_01

Inhaltsverzeichnis

1. *Happy Learning*

Welcher große Wunsch verbindet Eltern, Bezugspersonen und Lehrkräfte? Wir haben diese Frage vielen Menschen gestellt und die Antwort lautet: Dass Kinder und Jugendliche sich gut entwickeln, möglichst gerne zur Schule gehen und Bildungserfolge erleben dürfen. Sie sollen mit Zuversicht und realistischem Optimismus ins Leben starten und sich durch Bildung Chancen eröffnen. Entwicklungs- und Bildungschancen stehen dabei in einem besonders engen Zusammenhang mit Sprachkompetenzen: Sprache ist der Schlüssel zum Bildungserfolg. Das Sprachenlernen bildet somit den Ansatzpunkt.

Happy Learning ...

- trägt durch positive Lernerlebnisse zur Entwicklung bei.
- verbessert die Chancen auf Bildungserfolg durch Sprachkompetenzen und wirksame Lernstrategien.
- zeigt, wie Kinder und Jugendliche erfolgreich und glücklich Sprachen lernen können.
- macht Erkenntnisse der Positiven Psychologie für den Alltag anwendbar.
- gibt auch Erwachsenen wertvolle Tipps für mehr Lernerfolg und Wohlbefinden.

Kann Sprachenlernen glücklich machen?

Es fällt uns nicht immer leicht, das zu glauben und vielleicht klingt es sogar ein bisschen trivial oder nach Wunschdenken, aber: Lernen kann uns tatsächlich glücklich machen. Dabei ist Sprachenlernen eine ganz besondere Art des Lernens. Im Gehirn gibt es ein Zentrum, das wir für gewöhnlich mit Glück und Belohnung in Verbindung bringen: Das mesolimbische dopaminerge System und dessen Schaltstelle, den Nucleus accumbens. Hier wird Belohnungserleben, Glücksempfinden, außerdem Motivation gemacht, aber streng genommen nicht um des Glücks willen. Der eigentliche neurobiologische Beweggrund dafür, dass unser Gehirn uns Glück und Belohnung bescheren kann, ist das Lernen. Das köpereigene System will und kann uns antreiben, lernbereit und sogar lernbegeistert machen.

Was bedeutet das für die Gestaltung von Sprachlernprozessen? Wie kann dazu beigetragen werden, dass die Lernenden die Herausforderung gerne annehmen, sich gut damit fühlen und an ihr wachsen? Die Antwort von *Happy Learning* lautet: Durch einen positiven, stärkeorientierten Ansatz, eine Positive Didaktik. Was sich hinter diesem Begriff verbirgt und welches Potenzial in dem Ansatz steckt, werden wir im Laufe der folgenden Kapitel zeigen. Zunächst aber stellt sich die Frage, warum das Lernen von Sprachen in den Fokus gestellt wird.

Das hat gleich mehrere Gründe, ein erster, bedeutender wurde bereits genannt: Chancen auf Bildungserfolg. Darauf kommen wir gleich noch einmal zurück. Ein weiterer wichtiger Grund führt uns zum Lernorgan, dem Gehirn: Sprachenlernen ist etwas ganz Besonderes, denn eigentlich beinhaltet es so ziemlich alles, was Lernen überhaupt sein kann. Neue Vokabeln zu lernen bedeutet z. B., Wissen aufzubauen. Wenn wir versuchen, Wörter auszusprechen, üben wir Bewegungsabläufe, und auch beim Schreiben sind motorische Prozesse beteiligt. Unser Gehirn sucht außerdem ständig nach Mustern und Wiederkehrendem, erkennt Regelhaftes, und wir versuchen, Muster anzuwenden. Wenn wir eine Sprache hören, tauchen wir in deren Klangwelt ein: Sprache ist Musik! Wir lernen also auch Musikalisches und Ästhetisches. Man könnte die Aufzählung noch fortführen, der wichtige Punkt ist aber schon deutlich geworden: Sprachenlernen umfasst ganz viel, und so sind Sprachen als Lerngegenstand besonders geeignet, um Lernerfahrungen sammeln und Strategien aufbauen zu können, die auch für andere Inhalte wertvoll sind. Viel von dem, was wir beim Sprachenlernen aufbauen und entwickeln, ist adaptierbar und auf anderes übertragbar.

Sprachenlernen fordert unser Gehirn also auf ganz eigene Weise heraus. Wenn wir mehr als nur eine Sprache lernen, beeinflusst das die Art und Weise, wie sich unser Gehirn organisiert (Hirnarchitektur) und wie es arbeitet. Es braucht gute Verbindungen, eine effektive Kommunikation zwischen Hirnbereichen, die zusammenarbeiten und die Fähigkeit, das komplexe System, in dem sich die Sprachen verorten, zu steuern und zu organisieren. Menschen, die mehr als eine Sprache gelernt haben, schneiden in Reaktions- und Leistungstests häufig besser ab als Einsprachige. Durch die besondere Nutzung des Gehirns beim Lernen und Sprechen von Fremdsprachen verdichtet sich die graue Masse in bestimmten Bereichen (man spricht manchmal auch von den grauen Zellen und meint damit die Neuronen im Gehirn), was das Einsetzen von Demenzerscheinungen hinauszögern kann, sollte man von Demenz betroffen sein. Außerdem bleibt die weiße Masse, die Isolier- und Leiterschicht in unserem Gehirn, im Alter länger intakt, aber nur, wenn man vorher mindestens eine Fremdsprache gelernt hat, und zwar einigermaßen gut. Studien zeigen des Weiteren, dass nach einem Schlaganfall die Genesungschancen besonders in kognitiver Hinsicht deutlich besser stehen, wenn im Gehirn mehr als nur eine Sprache verankert ist (Sambanis 2020). Das Lernen von zumindest einer Fremdsprache ist also eine wirklich lohnende und gute Investition!

Neben den Fremdsprachen spielt die Unterrichtssprache eine zentrale Rolle. Ohne entsprechende Sprachkompetenzen ist die Teilhabe an Bildung nicht oder nur sehr eingeschränkt möglich. Selbst andere, nichtsprachliche Inhalte werden in unserem Kopf zu Sprache, und um sie zu vermitteln, brauchen Lehrkräfte und Lernende bzw. Bezugspersonen und Kinder eine gemeinsame Sprache. Lehren und Lernen ist Sprache, das gilt mehr oder weniger für jedes Schulfach und ist ein weiterer wichtiger Grund dafür, dem Sprachenlernen besondere Aufmerksamkeit zu schenken. Sprache und Bildungserfolg hängen zusammen. Und gerade weil Sprachen eine so wichtige Rolle für das Lernen insgesamt spielen, für die Entwicklung, den Bildungs- und Lebenserfolg, die Teilhabe an Gesellschaft und Kultur, ist nicht nur wichtig, dass Sprache gelernt wird, sondern vor allem, *wie* sie gelernt wird. Der auf die Positive Psychologie zurückgehende Ansatz dieses Ratgebers zielt auf effektives und nachhaltiges Lernen, aber nicht auf Kosten der Lernfreude oder als Zwang erlebt, sondern mit möglichst viel *Happy Learning*.

Dabei geht es nicht um das Erreichen von Glück im Sinne eines toxischen Glücklichseins in einer Art „good vibes only culture" (Goodman 2022), sondern vielmehr um eine positive Grundstimmung, Selbstverantwortung, Selbstvertrauen, Selbstwirksamkeit und das Erleben von Wohlbefinden z. B. durch Zufriedenheit mit uns selbst oder die Anerkennung durch andere (Gravelmann 2022: 81). Doch fällt es der jungen Generation in einer Zeit fundamentaler und gehäufter gesellschaftlicher Krisenerfahrungen und Ausnahmezuständen wie der Corona-Pandemie, dem Klimawandel und politischen Konflikten sowie einer rasanten technologischen Entwicklung gar nicht so leicht, Glück zu empfinden. Kleine und große Krisen haben Auswirkungen auf die Sozialisation von Jugendlichen. So schreibt auch die Kultusministerkonferenz (2018: 10): „Von besonderer Bedeutung ist [...] die Stärkung der Schülerinnen und Schüler in ihrer Persönlichkeit und Identitätsentwicklung".

Doch was genau ist Glück überhaupt und was bedeutet es, wenn wir sagen, wir sind *happy*? Im Englischen gibt es die beiden Wörter *happiness* und *luck*, im Deutschen sprechen wir immer von Glück. Dabei ist *happiness* als Emotion, wie wir noch zeigen werden, zumindest zum Teil selbst beeinflussbar, Glück im Sinne von *luck* hingegen, hat man oder man hat es nicht. Alle, die schon einmal einen Lottoschein ausgefüllt haben, wissen, ob sie *luck* hatten und für den Fall, dass sie es hatten, ob es sie tatsächlich glücklich gemacht hat. Wenn wir im Folgenden von Glück sprechen, meinen wir nicht *luck*, sondern *happiness*. Glück ist die Kombination von zwei zentralen Fähigkeiten: man ist in der Lage, das subjektive Wohlbefinden durch das Erleben und Ausdrücken positiver Emotionen zu steigern und positive Erfahrungen zu machen. Positive Emotionen gelten als solche, die wir gerne empfinden und über deren Vorhandensein wir uns freuen. Selbstwirksamkeit, Selbstakzeptanz und die Fähigkeit zur Selbstbeurteilung können also zu einer Steigerung unseres Glücksempfindens beitragen. Zugleich ist *happiness* ein wichtiger Schutzfaktor bzw. Bewältigungsmechanismus – eine zentrale Säule der Widerstandsfähigkeit (Resilienz) nicht nur von Kindern und Jugendlichen. Denn *happiness* bedeutet nicht, dass wir keine Krisen erleben oder nie gestresst wären. Glück wirkt gerade in schlechten Zeiten vielmehr wie ein Gegenmittel: glückliche Menschen verstehen, dass Herausforderungen und Krisen zwar Teil unseres Lebens sind, dass wir aber dem eigenen Glück aktiv auf die Sprünge helfen können.

Glück ist gleichzeitig Ziel und Ausgangsbedingung für ein erfolgreiches Leben und Lernen. Gruppen, aber auch ganze Institutionen funktionieren besser, wenn Menschen glücklich sind (Frederickson 2009). Glückliche Menschen sind nicht nur weniger aggressiv und weniger ängstlich, sie führen eher stabile und tragfähige Beziehungen und sind tendenziell freundlicher.

Doch wie erleben Menschen mehr Glück und Wohlbefinden? Es ist wissenschaftlich erwiesen, dass unser Glück von fünf zentralen Faktoren abhängt, die der Psychologe Seligman in seinem bekannten PERMA-Modell zusammenfasst (Abb. 1).

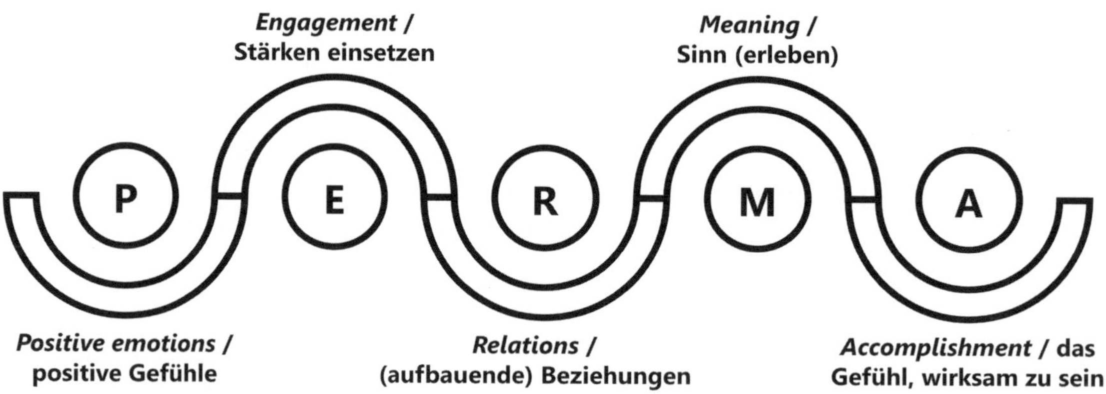

Abb. 1: PERMA-Modell

Diese Komponenten sind nicht nur für eine Stärkung des mentalen Wohlbefindens im Alltag wichtig, sondern eben auch, um Schülerinnen und Schüler zum Lernen zu motivieren.

Weg mit dem Lernfrust

Für viele Schülerinnen und Schüler ist gerade das Sprachenlernen eine echte Herausforderung. Oft gibt es viele Stolpersteine und Hürden, die es zu meistern gilt, bevor sich der Erfolg einstellt. Es kommt häufig zu Frustration, die Motivation zum Üben lässt mit der Zeit nach. Das gilt besonders dann, wenn Lernende nur noch das sehen, was sie noch nicht können bzw. alleine die Defizite vor Augen geführt bekommen und bereits erreichte Ziele sowie Stärken dabei in Vergessenheit geraten oder gar nicht mehr zu zählen scheinen. Hinzukommt, dass das Erlernen einer neuen Sprache nicht nur bedeutet, sich Vokabeln zu merken und Grammatik zu durchdringen, sondern eben auch, in andere Kulturen einzutauchen und die eigene Perspektive kritisch zu hinterfragen. Eine zentrale Komponente erfolgreichen Sprachenlernens ist die Beziehungsebene, denn aus neurobiologischer Sicht sind wir „auf soziale Resonanz und Kooperation angelegte Wesen“ (Bauer 2006: 35f.). Damit sind sowohl die Beziehungen zwischen Eltern und Kindern sowie der Lehrkraft und den Lernenden gemeint, aber eben auch die Beziehungen der jungen Menschen untereinander.

Sprachenlernen ist also nicht nur eine kognitive Herausforderung, sondern auch eine soziale und vor allem eine emotionale Erfahrung. Anders gesagt, spielt die affektiv-emotionale Dimension eine zentrale Rolle. Dafür lassen sich inzwischen zahlreiche Belege finden (Sambanis 2013). Aus der Forschung liegen inzwischen auch Hinweise darauf vor, unter welchen Bedingungen der Erwerb einer Sprache gelingt. Daraus können wir nicht nur grundlegende Prinzipien für erfolgreichen Sprachunterricht ableiten, sondern auch Methoden und konkrete Aktivitäten. Genau darauf baut der vorliegende Ratgeber auf und eröffnet mit der Praxisanwendung von Positiver Psychologie und Sprachdidaktik eine neue stärkenorientierte Perspektive.

Positive Bildung

Die Prägung des Begriffs Positive Psychologie ist auf die Arbeit des bekannten amerikanischen Psychologen Seligman zurückzuführen. Positive Psychologie befasst sich mit Stärken statt mit Störungen und erforscht alles, was nachweislich „das Wohlbefinden von Menschen stärkt: positive Gefühle, Engagement, Sinn und Bedeutung, aufbauende Beziehungen und das Gefühl, wirksam zu sein“ (Brohm & Endres 2017: 8).

Positive Bildung und Erziehung verbindet „education for both traditional skills and happiness“ (Seligman et al. 2009: 293). Positive Bildung ist also nichts, das außerhalb des Unterrichts, jenseits von Bildungszielen oder losgelöst vom Sprachenlernen stattfindet, sondern ein Ansatz, der es erlaubt, stärkende Maßnahmen und Übungen mit dem Erlernen von Sprache zu verbinden.

Die bekannte Fremdsprachendidaktikerin Oxford (2016: 10) schlägt das EMPATHICS-Modell zur Integration der Ansätze der Positiven Psychologie in den Sprachunterricht vor. Es entwickelt Seligmans PERMA-Modell weiter und schafft eine erste theoretische Grundlage dafür, um es auf den Sprachenunterricht anzuwenden. Es zeigt zentrale psychologische Kräfte auf, die Lernenden dabei helfen, Fortschritte zu machen und aufzublühen. Zugleich zeigt das Modell, warum Schülerinnen und Schüler mit geringem Wohlbefinden häufiger Frustration, Angst oder auch

Gleichgültigkeit empfinden (ebd.). Das Modell umfasst die zentralen Begriffe der Positiven Psychologie Emotion, Empathie, Sinn, Bedeutung, Durchhaltevermögen (Resilienz, Hoffnung und Optimismus), Gestaltungswille und Autonomie, Widerstandsfähigkeit, Denkweise, Charakterstärke sowie Selbstwirksamkeit, Selbstkonzept, Selbstachtung und Selbstverifizierung (Bestätigung positiver Selbstansichten). Es wird nachfolgend mit den englischen Begriffen visualisiert (Abb. 2).

E motion and **e**mpathy

M eaning and **m**otivation

P erseverance, including resilience, hope and optimism

A gency and **a**utonomy

T ime

H ardiness and **h**abits of mind

I ntelligence

C haracter strengths

S elf factors (**s**elf-efficacy, **s**elf-concept, **s**elf-esteem, **s**elf-verification)

Abb. 2: Dimensionen erfolgreichen Sprachenlernens (nach Oxford 2016)

Erziehung und Bildung sind Aufgaben, die Elternhaus und Bildungsinstitutionen zusammen zu erfüllen haben. Der Aspekt der gemeinsamen Verantwortung wird im kurz vor Jahresende 2022 erschienenen Bildungsbericht, der die Situation des Bildungswesens in Deutschland kontinuierlich analysiert, ausdrücklich hervorgehoben. Dort heißt es (Autor:innengruppe Bildungsberichterstattung 2022: 86): „Unabhängig von den besuchten Bildungseinrichtungen [...] ist die Familie altersübergreifend nicht nur für viele Bildungsimpulse, sondern auch für den gesamten Bildungsweg der Kinder von entscheidender Bedeutung". Für diese – wie auch für institutionelle Bildungsprozesse – gilt, dass Lernen dann besonders anregend und nachhaltig ist, wenn es von positiven Emotionen getragen wird. Dabei ist die Zusammenarbeit von Bildungsinstitutionen und Familien entscheidend.

Schule sollte ein Ort sein, an dem Lernende sich wohlfühlen, denn Kinder und Jugendliche verbringen einen nicht geringen Teil ihrer Zeit in Bildungseinrichtungen. Damit kommt Bildungsinstitutionen, neben dem privaten und hier insbesondere dem familiären Umfeld, eine wichtige Rolle zu sowohl bei der Vermittlung von Wissen und Kompetenzen, als auch bei der psychosozialen Entwicklung von Kindern und Jugendlichen. Bildung und Erziehung im Sinne der Positiven Psychologie nimmt Kinder und Heranwachsende nicht mehr vorrangig bzw. ausschließlich in ihrer Rolle als Lernende wahr, sondern ganzheitlich mit ihren vielfältigen Entwicklungsanforderungen.

Wie hilft mir der Ratgeber *Happy Learning* jetzt weiter?

Um Positive Bildung im privaten und schulischen Alltag umsetzbar zu machen, stellt *Happy Learning* zahlreiche in der Praxis erprobte Aktivitäten und Übungen vor, die positive Sprachlernerfahrungen ermöglichen. Sie unterstützen Achtsamkeit, Resilienz, Selbstwirksamkeit, Dankbarkeit, Hoffnung, Optimismus, Flow sowie das Finden von eigenen Stärken und verbinden positive Lernerlebnisse mit wichtigen sprachlichen Entwicklungszielen.

In jedem Kapitel finden sich Übungen, die Lehrkräfte in ihrem Unterricht einsetzen können, ebenso für Eltern/Bezugspersonen sowie ergänzende Tipps, die von Schülerinnen und Schülern alleine umgesetzt werden können. Lehrkräfte können den Ratgeber also nicht nur für den eigenen Unterricht nutzen, sondern auch Eltern empfehlen. Das jeweilige Icon zeigt an, durch wen die Aktivität genutzt werden kann:

Lehrkräfte (im Unterricht)

Eltern/Bezugspersonen (zu Hause)

Lernende

Viele der Übungen für den Unterricht und für zu Hause (zusammen mit Eltern oder anderen Bezugspersonen) zielen auf gemeinschaftliche Erlebnisse, manche setzen auch Bewegungsimpulse. Damit bilden sie ab, was die aktuelle neurowissenschaftliche Glücksforschung empfiehlt: Verbundenheit mit anderen Menschen macht uns glücklich und Bewegung ist in unserem Gehirn eng mit positiven emotionalen Erlebnissen verknüpft (Spitzer 2021: 73).

Der Ratgeber verzahnt die Praxisimpulse mit spannenden Einblicken in die Forschung: Wissenswertes aus den Neurowissenschaften, der Didaktik und der Positiven Psychologie wird so dargestellt, dass es lesenswert und lesbar ist. Die meisten Übungen und Tipps können auch von Erwachsenen, die selbst erfolgreich und glücklich Sprachen lernen wollen, genutzt werden.

In diesem Sinne: *Happy Reading* und Ihnen viel Freude und Erfolg beim Ausprobieren der Impulse.

2. Resilienz

Immer wieder aufs Neue gilt es, die großen und kleinen Krisen des Alltags erfolgreich zu meistern. Wie sehr uns das gelingt, hängt auch davon ab, wie gut wir Belastungen standhalten und uns von Rückschlägen nicht unterkriegen lassen. Die Fähigkeit, kritische Situationen als Herausforderung zu begreifen und diese durch die Nutzung der uns zur Verfügung stehenden Ressourcen nicht nur erfolgreich zu bewältigen, sondern auch als Motor für die persönliche Weiterentwicklung zu erkennen, bezeichnet man als Resilienz.

Tschüss Niederlage!? – Was Resilienz ist und was eben nicht

Resilienz ist spätestens seit dem weltweiten Ausbruch der Infektionskrankheit COVID-19 in aller Munde. Die Ergebnisse der fünften Befragungsrunde im Rahmen der Corona- und Psyche-Längsschnittstudie (COPSY-Studie) zeigen, dass die Gesundheit von Kindern und Jugendlichen weiterhin belastet ist. Zwar haben psychische Auffälligkeiten nach der Pandemie wieder abgenommen und sind geringer als in den Lockdown-Phasen, doch die Zahlen sind immer noch höher als vor der Pandemie. Hinzu kommt, dass Klimawandel, Inflation und Krisen Kinder und Jugendliche zusätzlich belasten. Überdurchschnittlich stark betroffen sind Heranwachsende aus sozial schwächeren Verhältnissen bzw. mit Migrationshintergrund (Ravens-Sieberer et al. 2022).

Auch die Ergebnisse der jüngsten Trendstudie *Jugend in Deutschland* (Schnetzer et al. 2023) zeigen, dass Jugendliche sich weiterhin im Dauerkrisenmodus befinden und sich auch weitaus stärker belastet fühlen als die Generationen vor ihnen. Knapp 50% der befragten 14- bis 29-Jährigen fühlen sich gestresst, ca. ein Drittel leidet häufiger an Selbstzweifeln und 35% sind erschöpft. Die Gründe dafür sind laut der Studie vielfältig, jedoch scheint einer der Hauptgründe zu sein, dass große Erwartungen an die Zukunft auf eine schwierige Realität treffen und sich heutige Jugendliche von der Gesellschaft allein gelassen fühlen. Viele der befragten Heranwachsenden begegnen der gegenwärtigen Situation nicht unbedingt mit Resilienz und Optimismus, sondern – ganz im Gegenteil – mit Fatalismus und einem Gefühl, nicht wahrgenommen zu werden und nichts an ihrer Situation ändern zu können. „Die psychischen Unterstützungsangebote in Schulen, Hochschulen und Unternehmen müssen schnellstens ausgebaut werden, damit es bei den besonders belasteten jungen Menschen nicht zu einer Verfestigung von Depressionen, Suchtverhalten und Isolation kommt" (Schnetzer et al. 2023, zitiert nach Kixmüller 2023). Die Belastungen dürfen nicht ignoriert werden. Es gilt Unterstützung anzubieten und zwar nicht nur von Bildungseinrichtungen, sondern auch im privaten Umfeld. Gerade in belastenden Phasen wie dem aktuellen Dauerkrisenmodus kann es entscheidend zum Erfolg beitragen, wenn Bildung und Erziehung tatsächlich als gemeinsame Aufgabe – institutionell und familiär – gemeistert werden. Angebote, die ohne großen Aufwand alltagsintegriert durchgeführt werden können, erlauben es, alle in den Blick zu nehmen und allen etwas Gutes zu tun, nicht nur der bereits identifizierten Risikogruppe(n). *Happy Learning* hat es sich zum Ziel gemacht, Übungen, die zur Stressbewältigung, zur Stärkung von Optimismus, Zuversicht, Stärkenwahrnehmung und Selbstvertrauen beitragen, mit Sprachlernzielen zu verbinden, sodass niedrigschwellig im schulischen und familiären Alltag der junge Mensch zugleich in seiner Entwicklung unterstützt und Sprache gelernt werden kann.

Manche Kinder und Jugendliche meistern Krisen tatsächlich besser als andere – sie bleiben trotz Stress und psychischer Belastungen gesund. Sie sind resilient. Doch was genau meinen wir damit, wenn wir jemanden als resilient, also psychisch widerstandsfähig, bezeichnen? Eine Metapher, derer sich die Resilienzforschung immer wieder bedient, ist die des Bergsteigens. In unserem Alltag besteigen wir zahlreiche Berge – große und kleine, manche steiler, andere weniger steil. Manchmal gehen wir schnellen Schrittes voran und genießen, dass wir es auf den Gipfel geschafft haben, ein anderes Mal aber scheint der Berg fast unüberwindbar und wir haben das Gefühl, es nie aus dem Tal zu schaffen. Kurz gesagt: im Leben geht es immer wieder auf und ab, denn positive Lebensphasen werden immer wieder von stürmischen Phasen unterbrochen.

Abb. 3: Das Leben ist wie Bergsteigen

Resilient zu sein bedeutet nicht, gegen Enttäuschungen oder Verletzungen immun zu sein und dauerhaft mit einem emotionalen Schutzpanzer zu leben. Ganz im Gegenteil: (hoch) resiliente Menschen sind genauso verletzbar wie andere und nehmen ihre Gefühle oft sogar bewusster wahr. Sie verfügen jedoch über Ressourcen und Strategien, die es ihnen ermöglichen, mit kleinen Widrigkeiten und größeren Hindernissen anders umzugehen und aus vielen Krisen gestärkt hervorzugehen. Sie sind, wie die als Mutter der Resilienz bekannte amerikanische Entwicklungspsychologin Werner in einer Veröffentlichung mit ihrer Kollegin einmal sagte: „vulnerable but invincible" (1982). Sie sind verletzbar, aber unerschütterlich.

Der Begriff der Resilienz leitet sich ab vom lateinischen Wort *resilire* für abprallen bzw. zurückspringen. Die Ursprungsbedeutung des Wortes ist im englischen Begriff *to bounce back*, also die Fähigkeit, nach einer schwierigen Phase wieder auf die Beine zu kommen und erfolgreich zu sein, erkennbar. Jedoch ist die Idee des *bouncing back* durchaus auch irreführend, denn resiliente Menschen kehren nach einer herausfordernden oder kritischen Phase nicht unbedingt in den Ursprungszustand zurück, sondern kultivieren eine gewisse Anpassungsfähigkeit. Sie gehen also gestärkt und idealerweise mit neuen Erkenntnissen und Strategien aus solchen Phasen hervor.

Die ursprüngliche Verwendung des Wortes Resilienz wird heute den PsychologInnen Block und Block (1977) zugeschrieben, welche die Ego-Kontrolle und Ego-Resilienz von Kleinkindern untersuchten (Thun-Hohenstein et al. 2020: 8). Hoch-resiliente Kinder wurden von den an der Studie beteiligten Erzieherinnen, Erziehern und Lehrkräften mit einer Reihe positiver Attribute wie freudig, durchsetzungsstark und sozial gut aufgestellt beschrieben. In den darauffolgenden Jahrzehnten kamen zahlreiche weitere Forschungsarbeiten hinzu, die nach und nach zu einer festen Etablierung des Begriffs in der Psychologie beigetragen haben. Bereits in der seit 1955 durchgeführten Längsschnittstudie der Psychologinnen Werner und Smith zu den Kindern der Hawaii-Insel Kauai, die bekannteste und wohl auch älteste Studie zu Resilienz (die sogenannte Kauai-Studie), zeigte sich, dass unsere psychische Widerstandskraft nicht angeboren ist, sondern sich durch Erfahrungen entwickelt und in ganz verschiedenen Situationen unterschiedlich wirksam werden kann oder eben nicht. Die Studie untersuchte die Langzeitfolgen von Risikobedingungen und ungünstigen Lebensumständen auf die kognitive, psychische sowie physische Entwicklung der 698 teilnehmenden Kinder über eine Zeitspanne von 40 Jahren. Die Daten wurden mithilfe von Verhaltensbeobachtungen und Interviews, z. B. von Krankenschwestern, Sozialarbeitern, Lehrerinnen und Lehrern, zum Zeitpunkt der Geburt sowie im Alter von 1, 2, 10, 18, 32 und 40 Jahren erfasst. Es zeigte sich, dass die Widerstandskraft bei manchen Teilnehmerinnen und Teilnehmern trotz gleich widriger Startbedingungen höher war als bei anderen

(Werner & Smith 1982, Werner & Smith 2001). Bei einem Drittel der Probanden war erkennbar, dass sie sich trotz hoher Risikobelastung gut entwickelten, also ein resilientes Verhalten zeigten, das sich auf unterschiedliche Schutzfaktoren wie stabile Beziehungen, das Vorhandensein emotionaler Bezugspersonen und positive Selbstwirksamkeitserwartungen zurückführen ließ. Eltern, das soziale Umfeld des Kindes und Bildungseinrichtungen spielten also eine zentrale Rolle bei der Stärkung sogenannter Resilienzfaktoren. Das heißt, ein positives und stabiles Klassen- und Lernklima sowie die Unterstützung stabiler und positiver Peer- und Freundschaftsbeziehungen sind genauso wichtig wie eine enge Kooperation mit Eltern und anderen außerschulischen Bezugspersonen, denn nur gemeinsam kann die psychische Widerstandskraft von Kindern und Jugendlichen dauerhaft gefördert werden.

Resilienz

Seelisches Immunsystem, das uns dabei hilft, uns von Krisen zu erholen und gestärkt aus ihnen hervorzugehen.

In wissenschaftlichen und populärwissenschaftlichen Publikationen finden sich unzählige Definitionen von Resilienz. Gemein ist den meisten Definitionen, dass Resilienz bedeutet, Krisen unter Rückgriff auf persönliche Ressourcen zu meistern und gestärkt aus ihnen hervorzugehen (v. Richthofen & Vitzthum 2023: 15).

Reivich und Shatté listen in ihrem Buch *The Resilience Factor* (2002) sieben Fertigkeiten der Resilienz auf, die uns nicht nur dabei helfen, zu verstehen, warum wir denken, wie wir denken, sondern auch, unsere Resilienz kontinuierlich zu steigern, indem wir alte Muster kritisch hinterfragen und uns aufmachen, neue Wege zu gehen (Abb. 4).

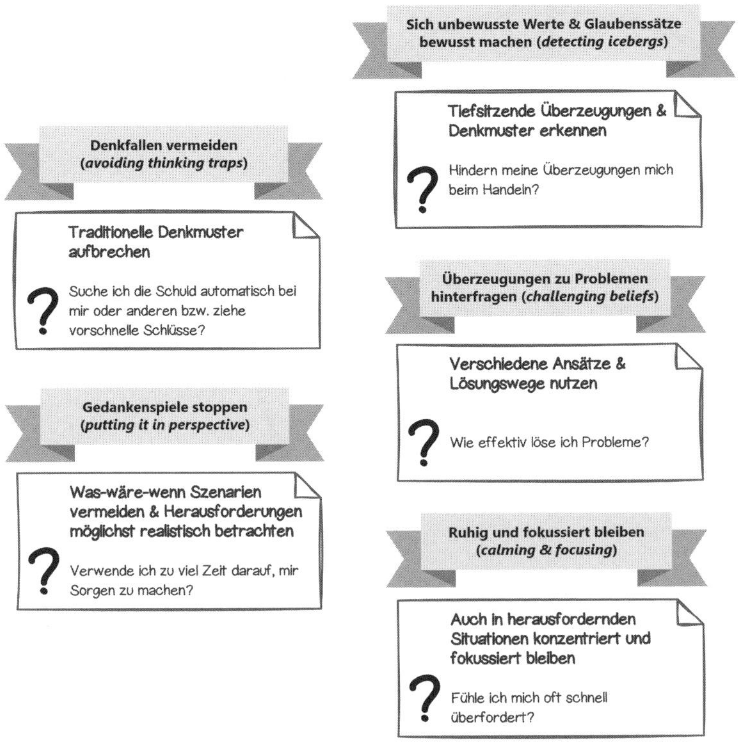

Abb. 4: Die sieben Fertigkeiten der Resilienz (in Anlehnung an Reivich & Shatté 2002: 27ff.)

Seligman, der bereits in der Einleitung erwähnte Begründer der Positiven Psychologie, fasst in seinen Gedanken zur Resilienz (1990) drei emotionale Reaktionen auf das Erleben von Widrigkeiten (*adversity*) zusammen: *personalisation*, *pervasiveness*, und *permanence* (Abb. 5). Diese Perspektiven können uns helfen zu verstehen, wie Gedanken und *mindsets* – innere Überzeugungen, Denkweisen und Verhaltensmuster – unser Handeln bestimmen. Nur, wenn wir verstehen, dass wir aktiv etwas an unserer Situation ändern können und nach alternativen Bewältigungsmöglichkeiten suchen, können wir unsere Widerstandsfähigkeit dauerhaft steigern.

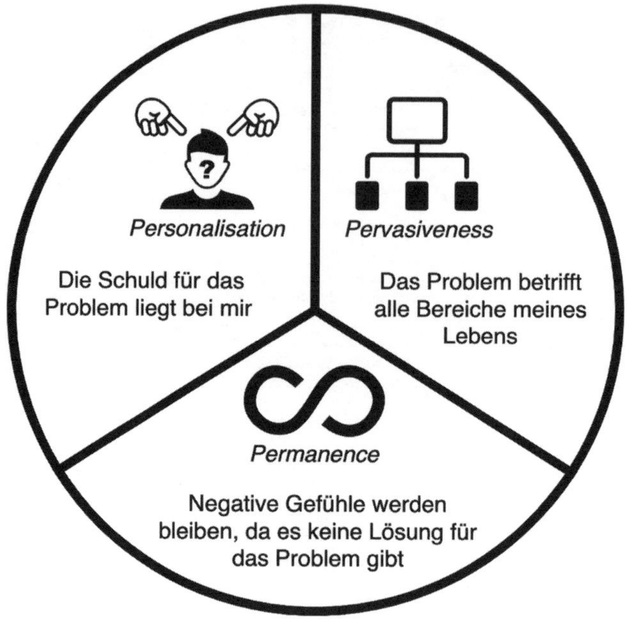

Abb. 5: Seligmans *3Ps* der Resilienz (1990)

Versucht man, existierende Definitionen psychischer Widerstandskraft auf einem Kontinuum zu verorten, so lassen sich enger und weiter gefasste Auslegungen des Begriffs finden. Engere Definitionen gehen eher von einer positiven Bewältigung von Risikosituationen aus. Ist z. B. ein Lernender vor seinem ersten Referat sehr aufgeregt und hat Angstgedanken wie *Was ist, wenn ich etwas vergesse? Was ist, wenn mir ein Wort auf Englisch nicht einfällt?* oder *Was ist, wenn jemand eine Frage stellt, die ich nicht beantworten kann?* können diese negativen Gedanken das Denken und Handeln des Lernenden leiten. Doch beim Referat selbst ist die Angst plötzlich wie verflogen. Die Situation wird ohne Probleme bewältigt. Weniger enge Auslegungen verstehen Resilienz als Kompetenz, die aus ganz unterschiedlichen Teilkompetenzen besteht. Diese sind

> nicht nur relevant für Krisensituationen, sondern auch notwendig, um z. B. Entwicklungsaufgaben und weniger kritische Alltagssituationen zu bewältigen. Die Einzelkompetenzen entwickeln sich im Verlauf der Lebensgeschichte in verschiedensten Situationen, werden unter Belastung aktiviert und manifestieren sich dann als Resilienz (Rönnau-Böse 2013: 189).

Resilienter werden – gewusst wie

Wie bereits erwähnt, ist Resilienz nicht angeboren, sondern etwas, das sich im Laufe des Lebens entwickelt. Wir können also aktiv etwas zur Resilienzsteigerung beitragen. Es lassen sich drei charakteristische Merkmale unterscheiden:

1. Resilienz ist ein dynamischer Entwicklungs- und Anpassungsprozess und entwickelt sich aus der Interaktion zwischen Individuum und Umwelt. Die gesammelten Erfahrungen und bewältigten Ereignisse spielen eine Rolle.
2. Resilienz ist eine variable Größe. Sie kann sich im Laufe des Lebens verändern und mit entsprechenden Maßnahmen und einem günstigen *mindset* verbessert werden.
3. Resilienz ist situationsspezifisch und multidimensional. Sie kann sich in verschiedenen Lebensbereichen unterscheiden.

Psychische Widerstandskraft ist nur schwer messbar, es kann aber indirekt auf ihr Vorhandensein geschlossen werden. Die vielzitierte Nonnenstudie (*Minnesota nun study*, Danner et al. 2001) belegt besonders eindrucksvoll den Zusammenhang zwischen positiven Gefühlen und Resilienz, wobei die Lebensdauer als Maß für Resilienz gilt. Fast alle Nonnen, deren autobiografische Schriftstücke aus jungen Jahren Hinweise auf positive Gefühle enthielten, erreichten ein hohes Alter. Ordensfrauen mit einem weniger positiven Blick in die Zukunft verstarben großteils früher (Lermer 2019: 70ff.). Inzwischen gibt es auch Belege, dass eine gute psychische Widerstandsfähigkeit zum Schutz gegen Demenzerkrankungen beitragen kann (Paganini-Hill et al. 2016).

Resilienz ist also die Fähigkeit des Menschen, Widrigkeiten trotz vorhandener Risikofaktoren zu bewältigen und sich mithilfe unterschiedlicher Schutzfaktoren anzupassen. Doch was genau sind die Risiko- und Schutzfaktoren, die – kurz gesagt – unsere Resilienz steigern oder möglicherweise auch verringern können?

Risiko- und Schutzfaktoren für Resilienz

Im Laufe der letzten Jahrzehnte hat sich der Schwerpunkt der Resilienzforschung von einer reinen Konzentration auf sogenannte Risikofaktoren hin zur dynamischen Wechselwirkung zwischen Risikofaktoren (*vulnerability factors*) und Schutzfaktoren (*protective factors*) wegbewegt. Resilienz wird inzwischen nicht mehr als stabile Persönlichkeitseigenschaft aufgefasst, sondern als individueller Prozess, der eine gesunde Entwicklung im Zusammenwirken von Schutz- und Risikofaktoren ermöglicht. Dabei ist wichtig zu wissen, dass wir uns nicht in allen

Situationen gleich resilient verhalten, sondern, je nach persönlicher Beurteilung der jeweiligen Situation mehr oder auch weniger widerstandsfähig. So kann uns z. B. eine schlechte Note in unserem Lieblingsfach komplett aus der Bahn werfen, während wir die misslungene Versetzung als Chance zum Neuanfang begreifen. Man spricht in diesem Zusammenhang auch von *trait-* und *state*-Komponenten. Während *traits* relativ stabile Persönlichkeitseigenschaften darstellen, sind *states* Kompetenzen und innere Zustände, die je nach Situation variieren. Menschen können auf bestimmte Herausforderungen mit einer hohen psychischen Widerstandsfähigkeit reagieren, während sie sich bei anderen weniger resilient zeigen.

Inzwischen hat die Forschung verschiedene Risikofaktoren, also Faktoren, die potenziell das Auftreten einer Störung begünstigen bzw. zu einer weniger positiven Entwicklung beitragen, bei Kindern und Jugendlichen identifiziert. Dabei werden dauerhafte Risikofaktoren (z. B. chronische Armut oder Missbrauch) und zeitlich begrenzte (z. B. Scheidung der Eltern, Mobbing) unterschieden. Auch bestimmte innere und äußere Reize wie Zeitdruck oder das Gefühl, nicht gut genug zu sein, sogenannte Stressoren, lösen Stress aus, auf den wir unterschiedlich reagieren können. Ein positiver Umgang mit Herausforderungen wird durch Schutzfaktoren beeinflusst. Vereinfacht gesagt setzt im Idealfall bei einer Krise ein adaptiver Prozess ein, der durch Schutzfaktoren (konstruktiver Umgang mit Stress, realistischer Selbstanspruch etc.) bedingt wird.

Bei Schutzfaktoren, die sich als risikomildernd erweisen und einen positiven Einfluss auf unsere Widerstandsfähigkeit haben können, wird in der Regel zwischen sozialen Faktoren, auch Umweltfaktoren genannt, sowie personalen Faktoren unterschieden. Zu den personalen Schutzfaktoren zählen z. B. die von der Weltgesundheitsorganisation bereits 1994 formulierten individuellen Lebenskompetenzen (*life skills*): Empathie, Umgang mit Gefühlen, Entscheidungsfähigkeit, Problemlösefähigkeiten, Selbst- und Fremdwahrnehmung, kreatives Denken, kritisches Denken, effektive Kommunikationsfähigkeit, interpersonale Beziehungsfähigkeit und Stressbewältigung. Hinzu kommen z. B. körperliche Gesundheit, eine hohe Selbstwirksamkeitserwartung und gute Selbstregulationsfähigkeiten. Stabile und unterstützende Beziehungen gelten als wichtigster Schutzfaktor. Viele der genannten Schutzfaktoren können durch Interventionen, z. B. eine kontinuierliche Stärken- bzw. Schutzfaktorenbilanz, oder regelmäßiges Training gestärkt werden. Ein möglichst häufiges Bewusstmachen von Schutzfaktoren ist auch deshalb wichtig, weil wir diese nicht immer automatisch wahrnehmen. Man spricht in diesem Fall auch von versteckter Resilienz (*hidden resilience*). Wir verfügen über Bewältigungskapital und stärkende Ressourcen, ohne diese konkret identifizieren zu können.

Allerdings lässt die Resilienzforschung sowohl hinsichtlich der Generalisierung von Schutzfaktoren als auch des genauen Resilienzprozesses noch einige Fragen unbeantwortet. Relativ klar scheint jedoch, dass Schutzfaktoren kontextabhängig sind, sich also nicht einfach auf andere Situationen übertragen lassen. Die Wirksamkeit eines Schutzfaktors hängt z. B. von der Art des Risikos, aber auch vom Geschlecht, dem Alter oder dem soziokulturellen Kontext ab (Höfler 2016). So zeigt sich im OECD-Durchschnitt, dass sich die Chance auf Resilienz bei sozialer Benachteiligung halbiert. Das Gleiche gilt auch für Haushalte, in denen die Unterrichtssprache nicht gesprochen wird (OECD & Vodafone Stiftung Deutschland 2018). In mehrsprachigen Familien ist es zwar wichtig, die Familiensprache oder -sprachen zu nutzen, aber auch, Offenheit für und Interesse an der Unterrichts- und Umgebungssprache zu zeigen und sie ins Leben der Familie reinzulassen. Warum nicht einmal einen netten Film auf Deutsch mit Untertiteln schauen oder ein mehrsprachiges Bilderbuch lesen?

Jeder Mensch ist grundsätzlich zu Resilienz fähig, und Widerstandskraft lässt sich stabilisieren bzw. steigern. Ressourcen können aufgebaut und Strategien, die dabei helfen auch hohe Berge zu erklimmen, trainiert werden (Abb. 6).

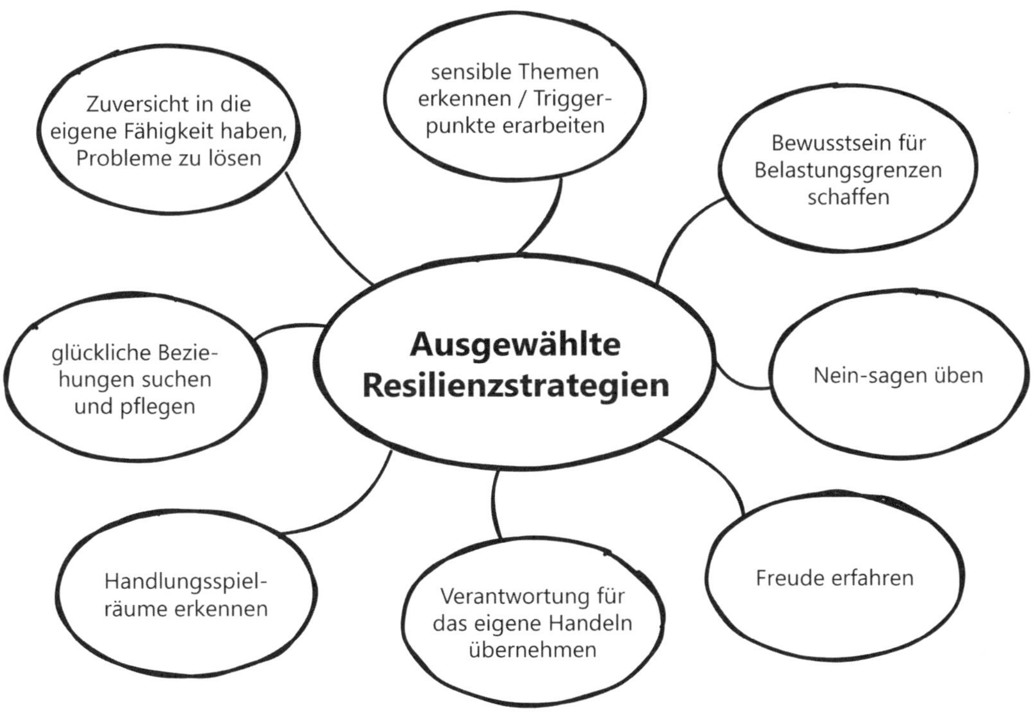

Abb. 6: Ausgewählte Resilienzstrategien

Mit dem richtigen *mindset* zum Erfolg

Mindset, was in etwa mit Lebenshaltung, innerer Haltung oder Einstellung übersetzt werden kann, hat einen Einfluss auf unsere Resilienz. Auch unser *mindset* ist nicht angeboren, sondern basiert auf guten, aber eben auch schlechten Erfahrungen. Es werden generell zwei Arten unterschieden: Das *fixed mindset* und das *growth mindset*. Menschen mit einem eher *fixed mindset* schreiben Erfolge und Misserfolge angeborenen Begabungen und Talenten zu und stehen eigenen Fehlern kritisch gegenüber. Menschen mit einem *growth mindset* hingegen glauben eher an ihre eigenen Fähigkeiten und daran, dass sie das Potenzial zur Weiterentwicklung haben. Fehler sind da, um aus ihnen zu lernen. Es gilt also, ein *growth mindset* bei Kindern und Jugendlichen gezielt zu fördern und zu entwickeln.

Achtsamkeit macht glücklich

Auch Achtsamkeit, also ein besserer Kontakt zu uns selbst, stärkt unsere Resilienz (vgl. Kap. 5). Unter Achtsamkeit wird „die Fähigkeit einer Person verstanden, alles, was in und um sie herum passiert, möglichst bewusst wahrzunehmen und zu akzeptieren; unabhängig davon, ob eine Wahrnehmung als angenehm oder unangenehm empfunden wird“ (ISB 2021: 14). Achtsamkeit kann als ein ‚Leben im Moment' betrachtet werden, ohne diesen Moment zu bewerten. Sie hilft unser Stressempfinden zu reduzieren, konstruktiv mit Stress umzugehen und uns unseres Selbst bewusst zu sein. Auch im Unterricht spielt nicht wertende Achtsamkeit eine wichtige Rolle. Achtsamkeit kann sowohl zu Hause als auch im Unterricht durch oft kleine, aber gezielte Aktivitäten gefördert werden. Konkrete Bewältigungsstrategien für Belastungssituationen lassen sich einüben (Abb. 7).

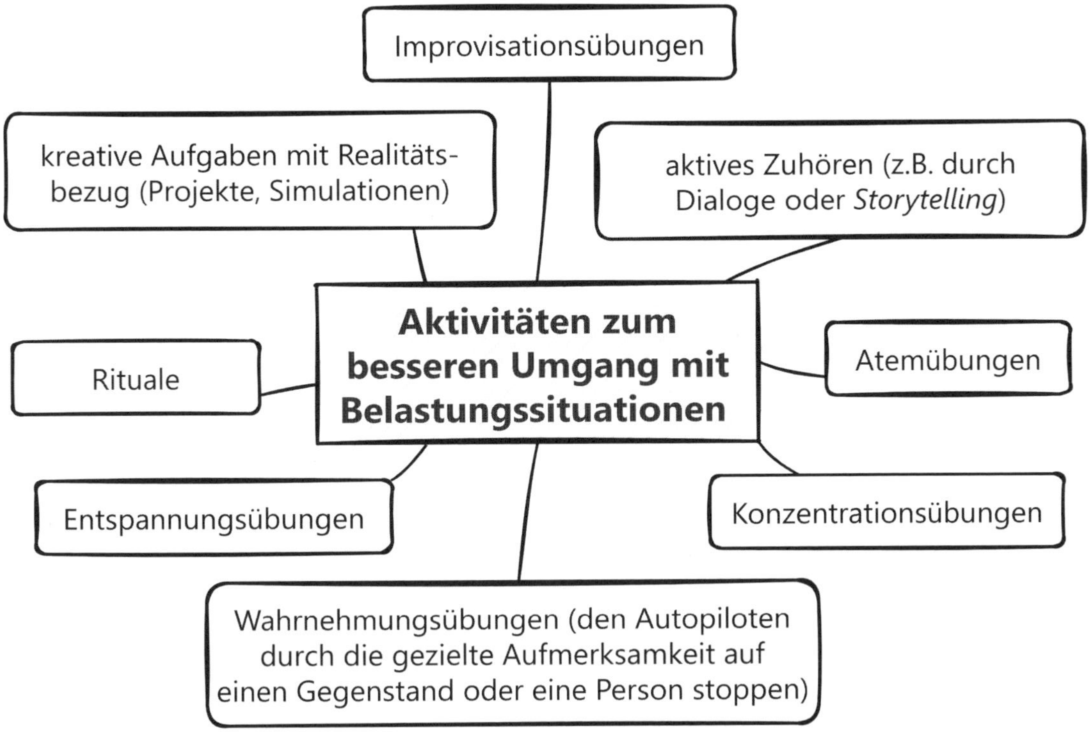

Abb. 7: Aktivitäten zum besseren Umgang mit Belastungssituationen (in Anlehnung an Häuptle-Barceló 2018)

All diese Übungen können z. B. durch Anweisungen in der Fremdsprache zum Sprachenlernen beitragen. Besonders geeignet sind Aktivitäten zur Steigerung des bewussten Wahrnehmens, denn sie ermöglichen nicht nur das Benennen von Emotionen und Stimmungen, sondern auch das Einüben von Wortfeldern (z. B. Adjektive) und Fragesätzen (*Wie oft fühlst du dich ...?*). Zu den Übungen zur Steigerung eines achtsamen Umgangs zählen u. a.

- Stimmungsbarometer: Die Lernenden teilen z. B. durch Handzeichen mit, wie es ihnen geht.
- Spannungsbarometer: Mithilfe einer Grafik drücken die Lernenden aus, wie angespannt bzw. entspannt sie sind.
- Achtsames Gehen: Die Lernenden gehen durch den Raum und achten im Besonderen auf ihre Füße und Beine.
- Gefühlbenennungen mit Hilfsmitteln: Die Lernenden nutzen z. B. Gefühlskarten oder einen Gefühlskompass, um ihre Emotionen mitzuteilen.

Wichtig ist, dass Emotionen nicht nur wahrgenommen werden, sondern dass auch ermittelt wird, wieso man bestimmte Gefühle hat. Die Feststellung, dass man z. B. gerade angespannt ist, ist nur der erste Schritt. Danach fragt man sich, warum man sich gerade nicht entspannt fühlt und was man aktiv dafür tun kann, mehr Entspannung herbeizuführen. Ein vierschrittiger Prozess, der in Abbildung 8 dargestellt ist.

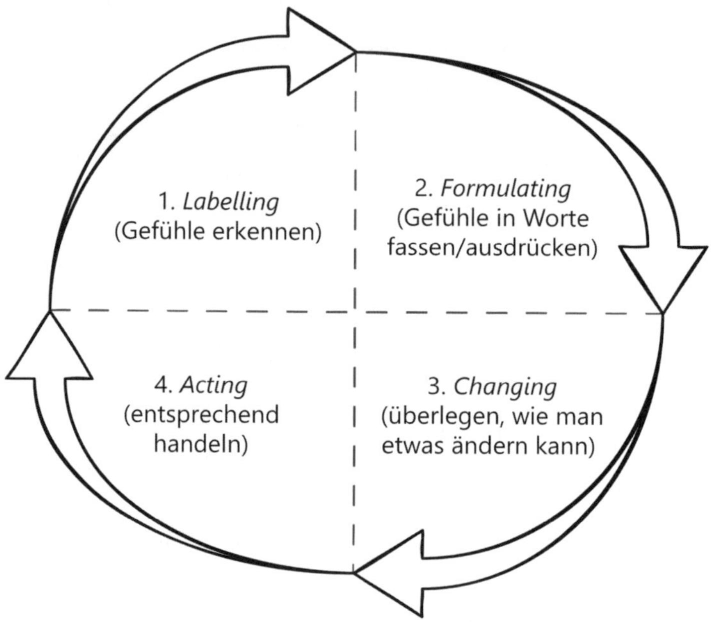

Abb. 8: Gefühle erkennen (basierend auf Maguire 2006: 25)

Dankbarkeit tut gut

Dankbarkeit zählt nicht nur als eine zentrale positive Emotion (Blickhan 2021: 100), sondern gilt auch als Resilienz-stärkender Faktor. Durch Dankbarkeit für das, was man erlebt, lassen sich Krisen besser überwinden, denn wir wenden den Blick weg von dem, was fehlt, hin zu dem, was wir haben. Schon vor gut 20 Jahren kamen an der Universität von Kalifornien durchgeführte Studien (Emmons & McCullough 2003) zu dem Ergebnis, dass sich Dankbarkeit positiv auf das physische und psychische Wohlbefinden auswirkt. Dankbarkeit bei der Bewältigung von Krisen muss jedoch aktiv geübt werden, denn allzu schnell richtet sich unser Blick auf das Negative und wir vergessen, dass es gerade in Krisensituationen hilfreich sein kann, eine dankbare Grundhaltung zu bewahren. Es gibt zahlreiche Möglichkeiten, Lernende beim regelmäßigen Praktizieren von Dankbarkeit zu unterstützen (vgl. *gratitude jar*, Kap. 4). Dazu zählen z. B. ein

Dankbarkeitstagebuch, das uns hilft, uns an positive Erlebnisse zu erinnern. Seligman (2011) empfiehlt hierfür die WWWW-Formel (*What went well and why?* / Was lief gut und warum?). Durch das vierte W erinnern wir uns nicht nur an positive Erlebnisse wie ein Fußballspiel mit Freunden oder ein gutes Zeugnis, sondern rufen uns auch ins Gedächtnis, was wir aktiv dazu beigetragen haben (*Ich habe ein Tor geschossen.* oder *Ich habe im letzten Halbjahr sehr viel gelernt.*).

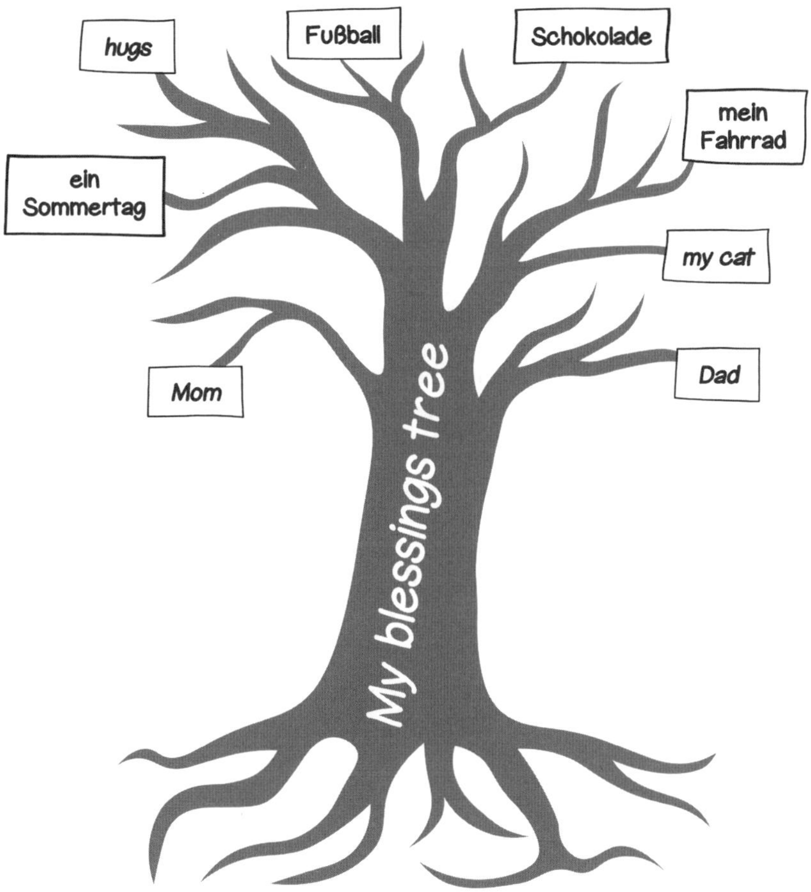

Abb. 9: *Count your blessings tree*

Im Unterricht lässt sich z. B. ein *count your blessings tree* / Dankbarkeitsbaum erstellen (Abb. 9). Die Lernenden hängen z. B. einmal in der Woche eine kleine Botschaft an den Baum. Die Botschaft erwähnt in einem kurzen Satz oder einem einzelnen Wort, je nach Sprachkompetenz, wofür Dankbarkeit empfunden wird. Im Fremdsprachenunterricht wird so die Sprache aktiv genutzt und das Vokabelwissen der Lernenden stabilisiert oder sogar erweitert, während zugleich ihr Bewusstsein für positive Dinge und Erlebnisse gestärkt wird. Dabei ist wichtig, dass Dankbarkeit nicht nur empfunden, sondern auch zum Ausdruck gebracht wird (Blickhan 2021: 101). Solche und andere Übungen lassen sich nicht nur im Unterricht, sondern auch zu Hause durchführen. Eltern können mit ihrem Kind ein kurzes Abendgespräch führen, in dem es darum geht, was am Tag gut gelaufen ist. Alternativ bittet man das Kind zwei Taten zu nennen, auf die es stolz ist. Eine weitere kleine und einfach umzusetzende Dankbarkeitsidee ist die Übung mit den zehn getrockneten Bohnen, die gleichzeitig auch dazu beiträgt, die eigene Achtsamkeit zu stärken. Dazu steckt man am Morgen zehn getrocknete Bohnen in die rechte Hosentasche. Widerfährt einem im Laufe des Tages etwas Schönes, für das man dankbar ist, wandert eine Bohne von der rechten in die linke Hosentasche. Am Abend zählt man die Bohnen in der linken Tasche zusammen: eine wunderbare Gelegenheit, sich der guten Momente des Tages noch einmal bewusst zu werden (v. Richthofen & Vitzthum 2023: 158).

Früh übt sich ... – Resilienz im Kindes- und Jugendalter

Die Ergebnisse aus der Resilienzforschung bei Erwachsenen lassen sich nicht eins zu eins auf die Resilienz bei Kindern und Jugendlichen übertragen, denn Kindheit und Jugend sind von fundamentalen Veränderungen und Erfahrungen geprägt: Körper und Gehirn verändern sich, das eigene Selbstbild entsteht (Ronen 2021, Böttger & Sambanis 2021).

Resilienz lässt sich ab dem frühen Kindesalter entwickeln. Wo man dabei ansetzen muss, zeigen Längsschnittstudien. Sie belegen relativ klar, was resiliente Kinder ausmacht und welche Resilienzfaktoren sich positiv auswirken (Rönnau-Böse 2013). So sind resiliente Kinder oftmals kommunikativer, sozial orientiert und schon in sehr frühen Jahren bereit und in der Lage, sich Hilfe bei anderen zu holen. Mit anderen Worten: Sie können Ressourcen in ihrer Umgebung wahrnehmen. In ihrer Metaanalyse zeigen Fröhlich-Gildhoff und Rönnau-Böse (2019), dass bei Kindern in der Bewältigung von Krisen sechs Kompetenzen eine besondere Rolle spielen:

- Selbstwahrnehmung: angemessene Selbsteinschätzung und Informationsverarbeitung
- Selbststeuerung: Regulation von Gefühlen und Erregung: Aktivierung oder Beruhigung
- Soziale Kompetenz: Unterstützung holen, Selbstbehauptung, Konfliktlösung
- Selbstwirksamkeit: Überzeugung, eine Anforderung bewältigen zu können
- Problemlösefähigkeit: allgemeine Strategien zur Analyse und zum Bearbeiten von Problemen
- Umgang mit Stress: Nutzung vorhandener Ressourcen und Kompetenzen in Stresssituationen

Wichtig ist, sowohl in der Grundschule als auch im fortgeschrittenen Unterricht von Themen auszugehen, die Lernende interessieren und einen Lebensweltbezug aufweisen. Auf diese Weise können Schülerinnen und Schüler bei der „erfolgreiche[n] Bewältigung von altersspezifischen Entwicklungsaufgaben" (Wustmann 2004: 20) unterstützt werden. Dazu zählen für Kinder von 6-12 Jahren neben der Entwicklung wichtiger Kulturtechniken wie Lesen und Schreiben zunächst Themen wie der Eintritt in die Schule und die damit einhergehende Identitätsfindung als Schulkind, zunehmend auch der Aufbau von eigenen Interessen und Leistungsmotivation sowie die Herstellung stabiler Peerbeziehungen. Lehrpläne gehen jedoch nur selten auf die besonderen Bildungsbedürfnisse der Schülerinnen und Schüler ein und fordern stattdessen das Erreichen festgelegter Ziele und den Erwerb von Kompetenzen. Umso wichtiger ist es, die aktive Förderung nicht aus dem Blick zu verlieren.

Die Jugendzeit ist in besonderem Maße geprägt von biologischen, neurobiologischen, kognitiven sowie sozialen Entwicklungen, die Heranwachsende vor zahlreiche Herausforderungen stellen, aber auch neue Chancen eröffnen. Daraus ergeben sich altersspezifische Entwicklungsthemen wie das Umgehen mit der körperlichen Entwicklung, die Bildung der eigenen Identität und eines eigenen Wertesystems und die Ablösung von den Eltern. Kinder und Jugendliche müssen Grenzen ständig neu bestimmen, Ungewissheit bis zu einem gewissen Grad aushalten lernen und sich selbst zunehmend als Individuen in einem bestehenden sozialen Gefüge verorten. „Jugendliche (und Erwachsene) müssen zu beständigen Baumeister*innen des eigenen Lebens werden. Sie müssen lernen, proaktiv handelnd ihr Schicksal in die eigenen Hände zu nehmen" (Fröhlich-Gildhoff & Rönnau-Böse 2021: 177).

Im Jugendalter sind manche Resilienzfaktoren wichtiger als in anderen Lebensphasen. Dazu zählen sowohl personale Fähigkeiten (die Fähigkeit zur Selbstreflexion, der Glaube an sich selbst, ein realistisches Zukunftsbild und eine hohe Sozialkompetenz) als auch Umweltfaktoren (Verständnis und Anerkennung durch Erwachsene und breitgefächerte Beziehungen) (ebd.: 178). Gerade in dieser Phase ihres Lebens sind Heranwachsende anfällig für Einflüsse von außen, auch für negative. Verletzlichkeit (auch trotz einer oft scheinbar harten Schale!), Streben nach Erlebnissen und Sensibilität im Zusammenspiel mit einer noch recht geringen Lebenserfahrung und einer noch lange nicht ausgereiften Impulskontrolle, erlaubt es Kindern und Jugendlichen nur im geringen Maße, mit Stress und Krisen erfolgreich und zukunftsorientiert umzugehen, wenn sie ganz auf sich gestellt bleiben müssen (Böttger & Sambanis 2021). Mit den richtigen Übungen und Tipps können Eltern und Lehrkräfte hierbei maßgeblich unterstützen, außerdem können junge Menschen ihre psychische Widerstandskraft auch selbstständig nachhaltig steigern.

Förderung von Resilienz im Unterricht und außerhalb der Schule

Der Verbesserung der Resilienz-Kompetenzen von Kindern und Jugendlichen kommt im Unterricht ein hoher Stellenwert zu. Hierbei ist es besonders wichtig, nicht nur diejenigen Lernenden in den Blick zu nehmen, die mehreren Risikofaktoren ausgesetzt sind, sondern alle Schülerinnen und Schüler: Denn ein gezieltes Resilienz-Training kann zur physischen wie auch mentalen Gesundheit und zum *well-being* aller Lernenden beitragen. Eine gelungene Klassenführung, eine die Kooperation anregende Lernumgebung, eine ruhige Arbeitsatmosphäre in konzentrierten Phasen, klare Regeln, eine transparente Unterrichtsgestaltung und ein positives Lernklima tragen zu einem erfolgreichen Resilienz-Training bei (OECD & Vodafone Stiftung Deutschland 2018). Die Annahme, dass eine gute (digitale) Medienausstattung oder kleinere Lerngruppen per se zu einem höheren Anteil an resilienten Schülerinnen und Schülern führen, ist bislang nicht belegt (ebd.). Es gilt also vor allem bei der Begleitung der Lernenden anzusetzen. So zeigt die Metaanalyse von Liu und Koll. (2022), die sich auf 83 Studien stützt, dass angeleitete Resilienzübungen in der Selbstwahrnehmung zu gesteigerter Resilienz beitragen, während ohne vorherige Einführung und Anleitung durchgeführte Übungen wie web-basierte Achtsamkeitsübungen im Sinne eines DIY-Formats nur geringe bis gar keine Effekte haben. Positive, unterstützende Beziehungen zeigen sich über alle Studien zur Resilienz hinweg als stabilster Prädiktor für die Ausbildung von Resilienz (Fröhlich-Gildhoff & Rönnau-Böse 2021: 44). Beziehungen, die unser Wohlbefinden steigern, positive Gefühle stärken und uns das Gefühl geben, selbstwirksam, aber auch wirksam für andere zu sein, sind unerlässlich. Positive Beziehungen zwischen Lehrkraft und Lernenden sowie gute Peerbeziehungen steigern den Bildungserfolg (Hattie & Yates 2013), nicht nur von Risikokindern, sondern den aller Lernenden. Lehrkräfte können resilienzfördernd wirken, indem sie eine positive Haltung zeigen, feinfühlig, wertschätzend und optimistisch sind und ermutigend auf die Lernenden zugehen. Entscheidend ist jedoch nicht unbedingt, zu wem positive Beziehungen existieren (zu Eltern, Freunden, Lehrkräften, Trainerinnen und Trainern im Verein oder Jugendleitern), sondern vor allem die Ausgestaltung der Beziehung selbst. Die Bezugsperson sollte optimistisch sein, fordern, aber auch fördern.

Erfreulicherweise zeigen sich zahlreiche Schnittmengen zwischen den Prinzipien eines auf die Förderung von Resilienz ausgerichteten Lehrens und Lernens sowie eines modernen, lernendenzentrierten und effektiven Sprachunterrichts. Entwicklungsförderliche Interaktion, Authentizität, Autonomie, exploratives und entdeckendes Lernen, aber auch spezifische und auf die Bedürfnisse einzelner Kinder zugeschnittene Unterstützungsmaßnahmen fördern nicht nur Resilienz, sondern begünstigen auch erfolgreiches Lernen. Eine besondere Rolle kommt sowohl der Förderung der Autonomie der Schülerinnen und Schüler sowie dem kollaborativen Lernen zu. Das gemeinsame Arbeiten an Aufgaben und Projekten stärkt die Handlungskompetenz der Lernenden und fördert positive konstruktive Peerkontakte. Die Lernenden übernehmen Verantwortung und entwickeln Resilienz auf individueller Ebene, indem sie „anhand von projektorientierten und praxisnahen Lerninhalten die Anwendbarkeit von Gelerntem erleben, ihr eigenes Lernen steuern und so ihre eigene Selbstwirksamkeit erfahren können und motiviert werden" (OECD & Vodafone Stiftung Deutschland 2018: 2). So können sprachliche Lücken z. B. gemeinsam überbrückt und Inhalte in der Zusammenarbeit mit anderen erarbeitet werden.

Eine einfache, aber zugleich effektive Übung zur Stärkung des Wir-Gefühls ist die Floß-Übung (Jensen 2014: 154). Sie fördert nicht nur den Gruppenzusammenhalt und den Umgang miteinander, sondern trainiert auch die Aufmerksamkeit – die fokussierte Wahrnehmung – der Lernenden. Die Schülerinnen und Schüler bewegen sich zu Musik im Raum und stellen sich vor, dass sie sich gemeinsam auf einem Floß befinden. Ziel ist es, dafür zu sorgen, dass das Floß nicht untergeht. Dazu müssen alle Teile des Floßes gleich beladen sein, die Balance muss immer wieder neu hergestellt werden. Die Lernenden müssen so im Raum umhergehen, dass sie sich ausgewogen verteilen und keine größeren Leerräume entstehen lassen. Um die Aufmerksamkeit der Schülerinnen und Schüler noch weiter auf das Hier und Jetzt zu lenken, bekommen sie die Aufgabe, zu einem bestimmten Zeitpunkt alle gemeinsam stehenzubleiben, ohne sich abzusprechen oder einander Zeichen zu geben. Nach einer kurzen Zeit sollen sie sich wieder gemeinsam aus der Starre lösen und von Neuem achtsam bewegen.

Neben der Resilienz der Lernenden spielt auch die Resilienz der Lehrkräfte, Eltern und anderer Bezugspersonen eine wichtige Rolle, denn Kinder und Jugendliche können ohne resiliente Bezugspersonen nur schwer psychische Widerstandsfähigkeit entwickeln. Resilienzförderndes Verhalten muss nicht nur vorgelebt werden, sondern es muss auch der Raum dafür geschaffen werden, resilienzfördernde Strategien auszuprobieren. Abbildung 10 fasst ausgewählte Aspekte eines resilienzfördernden Umfelds – im Unterricht, zu Hause, im Verein oder im Freundeskreis – zusammen.

Abb. 10: Ausgewählte Aspekte eines resilienzfördernden Umfelds (in Anlehnung an Frick 2018: 22, Fröhlich-Gildhoff & Rönnau-Böse 2021: 179ff.)

Eine noch relativ wenig beachtete, aber in der heutigen globalen Welt bedeutende Einflussgröße im Kontext resilienzfördernder Bildung ist die ethnisch-kulturelle Identitätsentwicklung der Lernenden. Dabei stellt der Migrationshintergrund eines Kindes nicht per se ein Entwicklungsrisiko dar; die Unterschiede in den Resilienzwerten sind nicht gravierend (Uslucan et al. 2021: 168). Es gilt hingegen, sprachliche Vielfalt zu fördern (Ludwig & Sambanis 2022) und so die Fähigkeit der Lernenden, Unsicherheit hinsichtlich unterschiedlicher kultureller Identitäten aushalten zu können, zu stärken. Die Ergebnisse der im Mai 2023 veröffentlichten Lese-Studie

IGLU zeigen, dass die Lesekompetenz von Viertklässlern in Deutschland zuletzt gesunken ist. Kinder, die zu Hause nur selten oder nie Deutsch sprechen, erreichen wesentlich schlechtere Leseleistungen. Eltern sind also zentral für die Entwicklung der Lesekompetenz vor allem bei jungen Lernenden. Sie können ihre Kinder zum Lesen animieren, ihnen vorlesen, mit Lesepatinnen und -paten kooperieren oder Bücher schlicht und einfach zu einem natürlichen Teil des Alltags machen.

Damit ist jedoch nicht gemeint, andere Erstsprachen als Deutsch zu marginalisieren oder sogar zu boykottieren, denn das kann sich nicht nur negativ auf das Selbstwertgefühl der Schülerinnen und Schüler auswirken, sondern verpasst auch die Chance, sie auf ein erfolgreiches Leben in einer zunehmend mehrsprachigen Gesellschaft vorzubereiten. Die Forschung zeigt:

> Eine ausgeglichene Haltung zur eigenen wie zur Zweitsprache hat bei Kindern mit Zuwanderungsgeschichte positive Auswirkungen auf den Zweitspracherwerb. Eine ablehnende Haltung zur Fremdsprache, aber auch eine die eigene Sprache ablehnende oder eindeutig die Fremdsprache favorisierende Haltung kann im schulischen Kontext den Lernerfolg in der Zweitsprache mindern (Uslucan et al. 2021: 171).

Bereits kleinere Rituale wie die Begrüßung oder Verabschiedung in der Schulsprache und verschiedenen Lernendensprachen, Lieder, Gedichte oder Geschichten in den Familien- und Herkunftssprachen können, im Unterricht eingesetzt, zu einer positiven Persönlichkeits- und Identitätsentwicklung der Lernenden beitragen und sie dazu animieren, ihre sprachlichen Fähigkeiten im Deutschen, aber auch ihre mehrsprachigen Ressourcen vielfältig zu nutzen. Kultursensible Maßnahmen sind nicht nur hinsichtlich von Mehrsprachigkeit wichtig, sondern auch hinsichtlich religiöser und kultureller Vielfalt, um die Ausbildung von Stereotypen zu vermeiden. Eine wertschätzende Haltung im Umgang mit kulturellen Themen ist nicht zu unterschätzen. Bei Kindern und Jugendlichen mit traumatischen Fluchterfahrungen kommen allgemeine resilienzfördernde Maßnahmen (Abb. 10) allerdings häufig an ihre Grenzen (Uslucan et al. 2021) – eine zielgruppengenaue Resilienzförderung ergänzend zu den hier vorgestellten Übungen ist dann notwendig.

Ein mehrsprachigkeitssensibler Unterricht steigert die Resilienz.

Resilienz aufbauen – wie nun konkret?

In der Forschung hat sich in den letzten Jahren enorm viel getan, was die praktische Förderung psychischer Widerstandsfähigkeit in pädagogischen Kontexten angeht. Resilienz kann aber auch zu Hause oder ganz einfach und praktisch im Alltag gefördert werden. Dabei geht es keinesfalls darum, Spitzenleistungen beim Meditieren zu erreichen (vgl. Kap. 5 zu Achtsamkeit), sondern zwischendurch immer wieder einen Schritt zurückzutreten, und sich durch kleine Übungen, Bewegung, Imagination und Kommunikation des eigenen Körpers, der eigenen Gefühle und der zur Verfügung stehenden Ressourcen bewusst zu werden.

Tipps für Eltern zur Förderung von Resilienz im Alltag:

- Ermutigen Sie Ihr Kind, seiner Emotionen immer mal wieder bewusst zu werden und sie zu benennen. Um sich selbst auszudrücken, benötigt man Worte. Das Finden von passenden Worten will gelernt sein!
- Schaffen Sie immer wieder Situationen, in denen Ihr Kind über sich hinauswachsen kann. Vielleicht klappt es nicht beim ersten Mal, doch auch kleine Niederlagen helfen bei der Stärkung von Resilienz.
- Reflektieren Sie Erlebtes gemeinsam mit Ihrem Kind, z. B. vor dem Schlafengehen.
- Loben Sie richtig (vgl. hierzu Kap. 3) und von Herzen. Positive Resonanz steigert das Selbstwertgefühl und motiviert.
- Fördern Sie Optimismus (vgl. ebd.).
- Leben Sie resilientes Verhalten vor, z. B. indem Sie einfach mal laut nachdenken, wenn Sie nach einer Lösung für ein Problem suchen. So zeigen Sie ihrem Kind, wie sich Krisenmanagementfähigkeiten gezielt einsetzen lassen.
- Ermutigen Sie ihr Kind, Herausforderungen und Probleme aus unterschiedlichen Perspektiven zu betrachten und verschiedene Lösungswege durchzudenken *(Wie würde mein bester Freund jetzt handeln*? *Welche Optionen habe ich?*).
- Sorgen Sie für ausreichend Pausen und (kurze) Ruhephasen.

Daneben können Schulkinder ihre psychische Widerstandskraft auch schon eigenständig und nachhaltig fördern, wobei *Yes, I can*-Aufrufe zur Selbstmotivation wie die folgenden zentral sind:

- *Ich bin kreativ!*
- *Ich lasse mich nicht entmutigen, sondern suche nach Lösungen!*
- *Ich gönne mir kurze Pausen und Erholung!*
- *Ich suche mir Unterstützung!*

Viele im Unterricht bereits eingesetzte Materialien und Aktivitäten eignen sich – wie bereits erwähnt – zur Förderung der Resilienz auch schon bei sehr jungen Lernenden. Lieder, Fingerspiele, Geschichten und Bücher tragen zur Erfahrung von Selbstwirksamkeit und zum Bewusstwerden von Emotionen bei. Beim gemeinsamen Singen oder Hören und Erzählen von Geschichten fühlen wir uns mit den anderen verbunden. Tatsächlich gleicht sich in solchen Situationen oft sogar die Hirnaktivität an. Man spricht von Synchronisation (Sambanis & Walter 2022, mehr hierzu in Kap. 4). Es fühlt sich gut an, die Verbundenheit stärkt uns und intensive Lernerlebnisse werden ermöglicht. Die folgenden Übungen lassen sich im Unterricht, aber auch von den Schülerinnen und Schüler allein bzw. mit Unterstützung der Eltern durchführen.

Aktiv werden! Übungen für den Unterricht und für zu Hause

Deine Geschichte neu erzählt

Diese Aktivität ist von einer Form des interaktiven Theaters inspiriert, die sich als sogenanntes Playback-Theater zunächst in den USA entwickelt hat. Es geht darum, ein Erlebnis, von dem ein Lernender berichtet, spontan als improvisiertes Rollenspiel darzustellen, dabei Perspektivübernahme und Empathie zu üben und zugleich das Erlebnis an die Person, die davon berichtet hat, zurückzuspielen (*play back*).

Ziele und Vorgehen

Deine Geschichte neu erzählt ist eine Weiterentwicklung der ursprünglichen Form des Playback-Theaters, die für diesen Ratgeber entwickelt und erprobt wurde. Sie zielt, außer auf Empathie und Perspektivübernahme, auf sprachliche Ziele, nämlich auf spontanes Sprechen und Handeln, sowie im Besonderen auf die Wertschätzung des Einbringens eines persönlichen Erlebnisses. Bei dieser Aktivität berichtet ein Lernender zunächst von einem persönlichen Erlebnis. Die Person, auf deren Schilderung sich die Darstellung stützt, soll sich von den anderen wahrgenommen und ernst genommen fühlen, sodass ihre Resilienz gestärkt wird. Vorläufige Studienergebnisse belegen eine Steigerung des Selbstwerts sowie eine Verbesserung der Verbindung zu anderen Personen durch diese Aktivität (Ludwig & Sambanis 2024).

Zunächst erhalten alle Schülerinnen und Schüler den Auftrag, sich an ein Erlebnis zu erinnern, das sie gerne mit den anderen in der Klasse teilen möchten und zwar, weil es als konfliktgeladen oder nicht zufriedenstellend gelöst empfunden wurde. Es könnte z. B. eine Situation sein, in der man sich gewünscht hätte, durch eine schlagfertige Antwort punkten zu können. Manchmal hilft es den Lernenden auf die Sprünge, wenn die Lehrkraft ein Beispiel gibt, wie dieses: *Gestern habe ich beim Einkaufen einem älteren Herrn die Türe aufgehalten, obwohl ich selbst schwer zu schleppen hatte. Er hat nicht Danke gesagt, sondern mich sogar noch angemeckert, dass ich im Weg stünde. Ich war sprachlos und verärgert über ihn und darüber, dass mir so schnell kein kluger Kommentar eingefallen ist.*

Daraufhin suchen alle Lernenden in ihrem Erlebnisschatz nach einer Begebenheit und machen sich, im Fremdsprachenunterricht nach Möglichkeit in der Zielsprache, einige Notizen. Eine Person darf nun in der Klasse von ihrem Erlebnis berichten. Damit dies zielgerichtet geschieht, empfiehlt es sich, den Bericht in Form eines Interviews zu gestalten. Wenn die Lehrkraft die Fragen stellt, kann sie inhaltlich strukturieren, mit den verwendeten Formulierungen sprachliche Hilfen anbieten und im Notfall, sollte es z. B. zu persönlich werden, einlenken.

Die Begebenheit wird dann mit einer Geste symbolisch an eine Gruppe Freiwilliger überreicht, die die Geschichte zunächst so darstellen, wie sie berichtet wurde. Im Anschluss daran berät die gesamte Klasse kurz in Gruppen, wie die Geschichte eine günstigere Wendung hätte nehmen können.

Zumindest eine Gruppe stellt ihre Alternativversion der Klasse als Rollenspiel vor. Die Geschichte wird somit neu erzählt und mit einer wertschätzenden Geste symbolisch an die Person übergeben, die die Geschichte eingebracht hat. Auf diese Weise wird das Gefühl, ernst genommen zu werden, gestärkt, und durch die Umdeutung können oftmals sogar Handlungsalternativen aufgezeigt werden, die für mehr Optimismus und Hoffnung bei der Bewältigung noch anstehender Herausforderungen sorgen können (vgl. hierzu Kap. 3). Im Zentrum der Aktivität steht das sprachliche Handeln, das Finden alternativer Lösungen (Schulung des divergenten Denkens) und das sprachliche Aushandeln der Lösungsvorschläge.

Digital detox

Digitale Medien bestimmen zunehmend unseren Alltag. Daher ist es sinnvoll, die Einflüsse digitaler Medien auf unser Leben immer wieder kritisch zu hinterfragen und positive, aber auch negative Auswirkungen zu erkennen. Denn, digitale Stressoren sind schädlich und der ständige Zugang zu Informationen kann schnell zu einer Reizüberflutung und der Angst, etwas zu verpassen, führen (*FOMO*). Wir sind ständig woanders.

FOMO

Fear of missing out

Kritische Selbstbeobachtung und das Hinterfragen unserer digitalen Gewohnheiten können helfen, auch in einer Zeit digitaler Informationsflut und des *always on* bei sich zu bleiben und Erschöpfung oder sogar Burnout zu vermeiden.

Ziele und Vorgehen

Ziel ist es, dass sich die Lernenden zunächst durch Selbstbeobachtung, z. B. in Form eines Tagebuchs, ihrer digitalen Verhaltensweisen bewusstwerden. Dabei können konkrete Fragen wie *Wann greife ich zum Smartphone? Welche Apps nutze ich wofür? Empfinde ich Stress, wenn ich kein Internet habe oder das Smartphone gerade nicht nutzen kann?* oder *Wie viel Zeit verbringe ich am Tag mit dem Schauen von TikTok und Memes auf Instagram?* die Lernenden dabei unterstützen, ihr digitales Verhalten bewusster wahrzunehmen und digitale Stressoren zu identifizieren. Ebenfalls möglich ist eine Fokussierung des Tagebuchs auf erste Anzeichen von Online-Sucht, die in Abbildung 11 beispielhaft dargestellt werden. Die Ergebnisse der Selbstbeobachtung werden gemeinsam im Unterricht analysiert und besprochen – je nach Unterrichtsfach und Kompetenzstand in der Fremdsprache oder auf Deutsch. Das Verfassen eines Tagesbuchs stärkt zugleich die Schreibkompetenzen der Schülerinnen und Schüler und z. B. ihren Wortschatz im Bereich digitaler Medien. Hinzu kommt, dass auch die digitalen Medienkompetenzen der Lernenden geschult werden, denn der Schutz der körperlichen Unversehrtheit und der geistigen Gesundheit stellen wichtige Kompetenzen des 21. Jahrhunderts dar. Neben der Vermeidung von Sucht und Abhängigkeit, gilt es auch andere potentielle Gefahren wie Mobbing und Belästigungen abzuwenden – Gefahren, welche die mentale Gesundheit nachweislich negativ beeinflussen (Müller & Schwarz 2021). Sicherlich wollen sich nicht immer alle Schülerinnen und Schüler offen vor anderen zu ihrem Medienverhalten äußern. Um den Lernenden einen Schutzraum zu bieten kann alternativ ein anonymer Fragebogen ausgegeben werden, auf dem die unten genannten Symptome aufgelistet sind. Häufig genannte Symptome können so mit den Lernenden besprochen werden, ohne jemanden vor der Klasse an den Pranger zu stellen.

Körperliche Symptome	Mentale Symptome	Soziale Symptome
Schlaflosigkeit	Kontrollverlust	Stimmungsschwankungen
Verdauungsprobleme	Konzentrationsprobleme	Zunehmende soziale (Selbst-)Isolation
Veränderung des Aussehens (z. B. Blässe)	Gedächtnisprobleme	Verlust von Beziehungen
Gewichtsverlust oder -zunahme	Zunehmende Schwierigkeiten, die Realität wahrzunehmen	

Abb. 11: Mögliche Kategorien zur digitalen Selbstbeobachtung

Nun setzen sich die Lernenden individuelle Ziele, um ihren Medienkonsum in gesündere Bahnen zu lenken und ihre digitale Resilienz zu stärken, z. B. indem sie einen Vertrag mit sich selbst schließen. Dieser kann Ziele enthalten wie *Ich schalte das Smartphone aus, wenn ich ins Bett gehe.* und *Ich deaktiviere alle Push-Benachrichtigungen.* oder *Das Smartphone bleibt im Flugmodus und wird nur zu bestimmten Zeiten am Tag angeschaltet.*

Die Erfahrung dieser Art des digitalen Fastens dürfte zumindest für einige Lernende eine Herausforderung sein, denn das ständige Glücksgefühl bzw. ein ständiges Suchen nach schneller Belohnung z. B. durch Likes, witzige Videos oder positive Kommentare, entfällt. Die Lernerinnen und Lerner bekommen die Chance, aus der Spirale immer neuer Stimulierungen auszusteigen. Wichtig ist, dass nicht nur gefastet werden sollte, sondern dass das Fasten durch neue Rituale und Routinen und kleine Achtsamkeitsübungen ergänzt wird, z. B. indem man schöne Momente besonders genießt (*savoring*).

Auch zu Hause ist es wichtig, Kinder immer wieder dazu anzuregen, ihr digitales Medienverhalten kritisch zu hinterfragen. Folgende Tipps können Ihnen als Eltern dabei helfen, einen Einblick in das digitale Leben Ihres Kindes zu gewinnen und Vorboten von Sucht besser zu erkennen:

1. Zeigen Sie ehrliches Interesse z. B. an den Spielen, die Ihr Kind spielt oder spielen Sie sogar einmal mit. Vielleicht motivieren Sie Ihr Kind dazu, einmal ein Spiel in einer anderen Sprache auszuprobieren oder ein Lernspiel zu nutzen.
2. Erkennen Sie an, dass Ihr Kind eventuell mehr über die digitale Welt weiß als Sie und stellen Sie Fragen. Etwas erklären zu können stärkt das Selbstvertrauen und die Selbstwirksamkeit.
3. Legen Sie gemeinsame Zeiten fest, in denen das Smartphone ausgeschaltet bleibt. Nutzen Sie diese Zeit für gemeinsame Unternehmungen.
4. Erklären Sie Ihrem Kind, warum gewisse Webseiten gesperrt sind und welche Gefahren im Internet lauern.

Die Brille wechseln

Die Übung animiert dazu, eine Situation aus unterschiedlichen Perspektiven zu betrachten. So wird der Blick der Kinder und Jugendlichen für Lösungsansätze geschärft und die Fähigkeit zum Perspektivwechsel eingeübt, die auch im Sprachunterricht eine wichtige Rolle spielt. Ebenfalls werden Schutzfaktoren wie Selbstwirksamkeit, Stressbewältigung und Selbststeuerung trainiert.

Ziele und Vorgehen

In schwierigen Situationen hilft es oft, eine Herausforderung oder ein Problem aus verschiedenen Perspektiven zu betrachten und dabei auch einmal eine völlig fremde Perspektive einzunehmen. Wenn wir unterschiedliche Sichtweisen zusammenführen, können wir neuen Ideen Raum geben und Lösungsansätze entwickeln. Dabei empfinden wir dieselbe Situation oft ganz unterschiedlich, denn wir reagieren verschieden auf Stresssituationen. Unsere Gedanken und Gefühle haben einen großen Einfluss darauf, wie wir eine Situation wahrnehmen. Beispielsweise mag eine kreative Schreibaufgabe im Unterricht bei einigen Lernenden Stress auslösen, während andere sofort zum Stift oder zur Tastatur greifen und drauflosschreiben.

Die folgende Übung lässt sich ebenso zu Hause oder unterwegs durchführen, denn auch im Alltag sollte man sich immer wieder kurz zurücknehmen und sich Zeit nehmen, eine Situation aus unterschiedlichen Blickwinkeln zu betrachten. Gedanken, die dabei aufkommen, lassen sich ebenso, statt mit der Klasse oder der Lehrkraft, mit Freunden oder Eltern teilen. Wichtig ist, sich auch allein konkrete Ziele für die Bewältigung der nächsten stressigen Situation zu setzen und diese z. B. in den Notizen auf dem Smartphone oder auf einem Zettel niederzuschreiben.

Im Unterricht werden die Lernenden zunächst gebeten, in Partnerarbeit Unterrichtssituationen aufzuschreiben, die bei ihnen Stress erzeugen (dass man die Hausaufgaben vergessen hat, ein Poster gestalten soll oder, dass ein Vokabeltest ansteht usw.). Nun sucht sich jede Schülerin und jeder Schüler eine herausfordernde Situation aus. Ziel ist es, diese Situation aus drei unterschiedlichen Perspektiven zu betrachten, indem man drei Brillen aufsetzt. Die erste Brille steht für den Fokus auf alles, was eventuell positiv an der Situation sein kann, wie z. B., dass das Erstellen eines Posters bedeutet, kreativ sein zu können oder dass man die Möglichkeit hat, geschriebenen Text durch Bilder zu ersetzen. Nun setzen die Schülerinnen und Schüler die zweite Brille, die für alles Negative steht, auf. Die Lernenden sollten sowohl bei Brille 1 als auch bei Brille 2 dazu animiert werden, alle positiven, aber auch negativen Gefühle, Befürchtungen und Ängste zuzulassen. Zuletzt wird die dritte Brille aufgesetzt. Man blickt möglichst nüchtern und neutral auf die Situation. Diese Brille hilft, Abstand zur Situation zu gewinnen und neue Lösungswege zu finden. Nach jeder Brille sollten die Lernenden dazu angeregt werden, ihre Gedanken und Haltungen z. B. in Kleingruppen zu teilen und ihre eigenen Gedankenmuster kritisch zu reflektieren. Abschließend sollen die Lernenden ihre Erfahrungen versprachlichen und sich Ziele für den Umgang mit der nächsten stressigen Situation setzen: *Wenn ich das nächste Mal negative Gedanken in einer stressigen Situation habe, möchte ich versuchen, ...* So kann man auch im Alltag Herausforderungen anders begegnen. Tipps zum Umgang mit Stress finden sich in diesem Ratgeber, z. B. in Kapitel 4.

Ein Glücksgedicht schreiben

Glück ist erlernbar. Auch im Alltag lassen sich Wohlbefinden und Glück durch einfach umsetzbare Übungen steigern. Dazu müssen wir den Blick vom Negativen zu den großen, aber auch kleinen Glücksmomenten im Alltag wenden.

Ziele und Vorgehen

Die folgende Übung ermutigt die Schülerinnen und Schüler, Momente des Glücks bewusster wahrzunehmen, indem sie auf diese achten und sie benennen. Dadurch wird nicht nur ihre Selbstwahrnehmung gesteigert, sondern auch ihre Kreativität – ein wichtiger Faktor, um auch zukünftigen Krisen proaktiv vorzubeugen.

Zur Vorbereitung des Glücksgedichts bekommen die Schülerinnen und Schüler die Hausaufgabe, kleine Momente des Glücks (z. B. das Treffen mit einem besonderen Menschen, das Lieblingseis), Gegenstände mitzubringen bzw. Dinge (Lieder, Gedichte) aufzuschreiben, die sie glücklich machen. Diese Sammlung bildet die Grundlage für das Gedicht. Je nach Lerngruppe und technischer Ausstattung verfassen die Lernenden nun ihre Glücksgedichte, z. B. in Form einer digitalen Wortwolke oder einfach auf einem Blatt Papier. Eine vorgegebene Struktur oder auch Satzanfänge (*Glück bedeutet für mich ..., Glück riecht ..., Glück schmeckt ...*) können den Lernenden dabei helfen, ihre Gedichte zu verfassen. Die Gedichte können vorgetragen oder im Klassenzimmer aufgehängt werden. Sollte es im Alltag dann einmal zu Herausforderungen oder auch Hindernissen kommen, die bewältigt werden müssen, können die Schülerinnen und Schüler sich mit ihrem Glücksgedicht an ihre Glücksmomente erinnern, und aktiv nach positiven Gefühlen oder Glückserlebnis-Ressourcen wie Familie, Freunde oder einem Spaziergang suchen.

Auch zu Hause oder unterwegs kann es helfen, sich immer mal wieder einen Moment zu nehmen, um glückliche Erinnerungen wachzurufen oder für ein positives Erlebnis Dankbarkeit zu empfinden. So werden negative Reiz-Reaktionsmuster unterbrochen. Anstelle eines Gedichts können die Kinder und Jugendlichen z. B. kleine Post-Its mit glücklichen Erlebnissen gestalten, die ihnen dabei helfen, sich immer wieder an diese Momente zu erinnern und sich bewusst auf Dinge zu konzentrieren, die das Leben bereichern. Eltern können ihre Kinder dabei unterstützen, indem auch sie glückliche Momente zurückholen und die Einsicht wecken, dass es im Leben immer wieder Herausforderungen gibt, die es zu meistern gilt.

Kleine Tipps zum Füllen des Glückstanks im Alltag, die Schulkinder auch schon allein umsetzen können:

- Raus in die Natur gehen
- Andere anlächeln, dann kommt relativ sicher auch ein Lächeln zurück
- Sich selbst ein Lächeln schenken
- Positives Selbstgespräch
- Komplimente aufschreiben
- Kreativ sein

Ressourcen-Interview

Resilient sein bedeutet, den Blick auf vorhandene Ressourcen und Möglichkeiten zu lenken, denn jeder Mensch besitzt Resilienz-Potenzial, das es zu entdecken und steigern gilt.

Ziele und Vorgehen

Interviews als eine Art des Rollenspiels sind eine gängige Aktivität im Sprachunterricht. Sie animieren Schülerinnen und Schüler dazu, ihre sprachlichen Fähigkeiten in fiktiven oder realen Gesprächssituationen anzuwenden, die Peer-to-Peer-Kommunikation wird gestärkt. Das Ressourcen-Interview nimmt sowohl die inneren Ressourcen (Kompetenzen, positive Erlebnisse und Erinnerungen) als auch äußeren Ressourcen (positive Beziehungen, Zeit oder ein erfüllendes Hobby) in den Blick. Besonders wichtig ist, dass wir uns unserer Ressourcen nicht nur bewusst sind, sondern diese auch aktiv zu nutzen wissen. Was nützt es, wenn wir Erinnerungen an schöne Erlebnisse und liebe Menschen haben, uns diese im richtigen Moment aber nicht ins Gedächtnis rufen? Die Übung kann sowohl als Partner-Interview durchgeführt werden als auch in Form eines Gesprächskreises mit der gesamten Lerngruppe.

Zunächst stellt die Lehrkraft das Thema der Stunde vor: Lerne deine Stärken und Ressourcen besser kennen. Danach werden die Schülerinnen und Schüler gebeten, sich an die letzte stressige Situation in ihrem Alltag zu erinnern und darüber nachzudenken, ob es vielleicht etwas gab, das ihnen dabei geholfen hat, den Stress in der konkreten Situation zu reduzieren oder besser damit umzugehen. Die Antworten werden kurz in der Gruppe gesammelt und besprochen. Nun sollen sich die Lernenden folgende Situation vorstellen: Du möchtest ein Podcast-Interview zum Thema *Besserer Umgang mit Stress* vorbereiten. Ziel ist es zu erfahren, welche Strategien die Person, die du interviewst, in stressigen Situationen anwendet (z. B. Bewegung, ausreichend Schlaf, gutes Zeitmanagement, ausgewogene Ernährung, Meditation). Mögliche Fragen sind z. B. *Was hilft dir in stressigen Situationen, damit du ruhiger wirst? Wer hilft dir besonders, wenn du dich gestresst fühlst? Welche deiner Fähigkeiten helfen dir besonders dabei, stressige Situationen zu bewältigen?*

Anschließend finden sich die Lernenden zu zweit zusammen und führen ihre Interviews. Steht genügend Zeit zur Verfügung, können reale Podcasts erstellt werden.

3. Psychologisches Kapital (PsyCap)

Wie kann es gelingen, eine Art von Leistungsfähigkeit zu erreichen, die mit Wohlbefinden und Zufriedenheit einhergeht und das persönliche Aufblühen unterstützt? Die Positive Psychologie gibt folgende Antwort und zeigt damit wichtige Ansatzpunkte auf:

Sei ein HERO! Wie? Entdecke und stärke ...

H OPE (HOFFNUNG)

E FFICACY (SELBSTWIRKSAMKEIT)

R ESILIENCE (RESILIENZ)

O PTIMISM (OPTIMISMUS)

Abb. 12: Psychologisches Kapital (HERO)

Was ist Psychologisches Kapital?

In der Literatur ist meistens der englische Begriff *Psychological Capital* (kurz: PsyCap) zu finden. PsyCap ist ein psychologisches Modell, das Wachstums- und Entwicklungsfaktoren aufschlüsselt. Das Konzept geht zurück auf Luthans und Koll. (2004), die, im Anschluss an den amerikanischen Psychologen und Wegbereiter der Positiven Psychologie Martin Seligman, eine Definition vorlegten: PsyCap bezeichnet die Erforschung und Anwendung positiv orientierter menschlicher Ressourcen, Stärken und psychischer Fähigkeiten. Diese können entwickelt werden und zu einer Steigerung der Leistung und Zufriedenheit beitragen. Sie sind einfacher zu beeinflussen als die Intelligenz oder Persönlichkeitsmerkmale und dabei stabiler als Emotionen oder Stimmungen.

Durch das Akronym HERO werden, wie oben veranschaulicht (Abb. 12), die Komponenten von PsyCap aufgeschlüsselt. Sie sind wichtige Prädiktoren, d. h. sie sagen voraus, wie leistungsfähig jemand ist oder, um es anders zu sagen, diese Faktoren haben Einfluss auf die Leistungsfähigkeit. Darüber hinaus sind positive Zusammenhänge zwischen PsyCap und dem Wohlbefinden sowie der Zufriedenheit nachgewiesen (Lermer 2019: 79). Dabei ist PsyCap keine reine Theorie, sondern durch die Positive Psychologie sowie die Stressforschung empirisch fundiert. Es wird schon seit einigen Jahren im Arbeitskontext erforscht, mittlerweile auch an Schulen.

Mehrere Studien (z. B. Finch et al. 2020) geben Hinweise darauf, dass PsyCap einen bedeutenden Ansatzpunkt bildet, um ab dem Kindes- und Jugendalter den Aufbau von Ressourcen zu stützen, die zu Wohlbefinden und einer positiven Entwicklung beitragen. Diese ermöglichen es außerdem, psychische Belastungen abzufedern. Trotz fortschreitender Erforschung lassen sich manche Fragen noch nicht eindeutig beantworten, aber die Hinweise verdichten sich weiter, dass zwischen PsyCap und Motivation, Einsatzbereitschaft, Wohlbefinden und Lernerfolg ein positiver Zusammenhang besteht. Jede der oben genannten HERO-Komponenten bildet eine Stellschraube, durch deren Förderung etwas bewirkt werden kann. Aus Befunden zu PsyCap-Förderprogrammen im Arbeitskontext lässt sich, übertragen auf den schulischen Kontext, schließen, dass die Förderung mehrerer oder aller HERO-Komponenten sogar noch wirksamer sein könnte als beispielsweise ein reines Resilienz-Förderangebot (Finch et al. 2020: 1032f). Forschende gehen davon aus, dass wir zumindest 40 % unseres PsyCaps durch Übungen entfalten können. Unser Psychologisches Kapital ist also gestaltbar, es gibt keinen Grund zu resignieren oder davon auszugehen, das Potenzial wäre genetisch so festgelegt, dass es keinen Entwicklungsspielraum böte. Die vier HERO-Komponenten sind wie folgt definiert:

Hope/Hoffnung

Mit Hoffnung meinen wir im alltäglichen Sprachgebrauch oft etwas, das wir nicht selbst beeinflussen können (z. B. *Ich hoffe, dass es am Tag des Schulausflugs nicht regnet*) oder wir nutzen unsere Einflussmöglichkeiten nicht (z. B. *Ich habe zwar nicht gelernt, hoffe aber trotzdem, eine einigermaßen gute Note in der Klassenarbeit zu schreiben*). Im PsyCap-Modell wird Hoffnung als das Vertrauen in die eigenen Fähigkeiten verstanden, das Setzen von erreichbaren Zielen und das zuversichtliche Ansteuern dieser Ziele. Aus Hoffnung kann Motivation, z. B. für das Sprachenlernen, erwachsen, außerdem auch Resilienz. Hoffnung bedeutet positiv motiviert zu sein und zuversichtlich nach geeigneten Wegen zu anvisierten Zielen zu suchen sowie Energie für das Anstoßen und Aufrechterhalten der Bewegung hin zu diesen Zielen zu investieren (Handlungskomponente). Hoffnung, definiert als die optimistische Erwartung, dass sich Anstrengungen auszahlen, ist eine wichtige persönliche Ressource.

Efficacy/Selbstwirksamkeit

In der englischsprachigen Literatur findet sich neben *efficacy* häufig der Begriff *self-efficacy*, was dem deutschen Wort Selbstwirksamkeit entspricht und schon zum Ausdruck bringt, dass damit eine Ressource gemeint ist, die durch die Person selbst beeinflusst werden kann. Personen mit hoher Selbstwirksamkeit sind sich ihrer Kompetenzen und Fertigkeiten eher bewusst als solche mit niedrigerer Selbstwirksamkeitserwartung. Sie vertrauen darauf, ihre Fertigkeiten und ihr Wissen beim Verfolgen eines gesetzten Ziels so einsetzen zu können, dass sie das Ziel, unter Aufbringung eines angemessenen Maßes an Anstrengung, erreichen können. Bei hoher Selbstwirksamkeit zeigt sich oft mehr Anstrengungsbereitschaft und Leistungsfähigkeit, bei niedriger Selbstwirksamkeit häufiger eine geringere Ausdauer bei der Bewältigung von Aufgaben, raschere Entmutigung bei Rückschlägen sowie eine höhere Anfälligkeit für Phobien und Depressionen.

Selbstwirksamkeit lässt sich durch Gelingenserfahrungen, Lernen am Modell und Feedback stabilisieren und stärken sowie möglicherweise durch *private speech* unterstützen (Radack et al. 2022: o. S., Kötter 2016): Besonders Kinder im Kindergarten- und frühen Vorschulalter sprechen manchmal mit sich selbst, wobei dieses an sich selbst gerichtete Sprechen nicht ziel- oder zwecklos ist. Formulierungen werden wiederholt oder bei der Erledigung von Aufgaben einzelne Arbeitsschritte beschrieben. Es wird kommentiert, Ziele werden benannt. Durch das Aussprechen kann das Arbeitsgedächtnis entlastet werden, eigene Überlegungen werden durch das Ausformulieren fassbarer. Außerdem kann man sich selbst anfeuern und dazu ermutigen, am Ball zu bleiben. Auf diese Weise kann die Erreichung von Zielen durch *private speech* unterstützt werden, was sich wiederum positiv auf die Selbstwirksamkeit auswirkt.

Vermutlich kann *private speech* auch zum Sprachenlernen beitragen (Formulierungen suchen, Probesprechen usw.) wird aber, besonders von Heranwachsenden und Erwachsenen, eher unterdrückt. Dabei ist nicht bewiesen, dass dieses Unterdrücken stets notwendig und vor allem zielführend wäre. Vielmehr gibt es Belege dafür, dass das Sprechen beim Nachdenken hilfreich sein kann, und dass Sprechen beim (Sprachen-) Lernen „im Gegensatz zum stummen Üben zu einer deutlich höheren Behaltensleistung" führt (Kötter 2022: 205).

Resilience/Resilienz

Dieser HERO-Komponente wurde in unserem Ratgeber bereits ein eigenes, nämlich das vorherige Kapitel gewidmet (vgl. Kap. 2). Darauf aufbauend wird nun Resilienz verortet im Gefüge der PsyCap-Wachstums- und Entwicklungsfaktoren. Resilienz umfasst als HERO-Komponente jene Ressourcen, die es einer Person ermöglichen, selbst bei widrigen Umständen psychisch widerstandsfähig zu bleiben, Hindernisse zu meistern und somit erfolgreich sein zu können. Resilienten Menschen gelingt es in der Regel, sich nach besonderen Herausforderungen rasch wieder zu erholen. Es gibt offenbar Zusammenhänge zwischen Resilienz und Selbstwirksamkeit, Resilienz und Selbstachtung sowie zwischen Resilienz und der Qualität von Freundschaften.

academic burnout

(Erschöpfung, Zynismus, nachlassende Leistungen)

Resilienzstärkung kann schützen bzw. helfen.

Studien zum sogenannten *academic burnout*, also zur Erschöpfung junger Menschen im Schul- oder Studierendenalter, weisen auf die besondere Bedeutung von Resilienz als Schutzfaktor hin (Radack et al. 2022). Burnout bei Kindern und Jugendlichen kann sich neben Erschöpfung in Form von Ablehnung und Distanzierung manifestieren, aber auch durch Teilnahmslosigkeit im Unterricht, sinkende Leistungen, Unhöflichkeit gegenüber den Eltern und Lehrkräften sowie Zynismus. Erschöpfung, Zynismus und Leistungsrückgang gelten als die drei Kernmerkmale von *academic burnout*. Der Anteil der betroffenen Heranwachsenden variiert zwar je nach Studie und Alter der Befragten, es kann aber davon ausgegangen werden, dass etwa ein Drittel der Lernenden, mehr oder weniger stark ausgeprägt, betroffen ist. Gute Resilienz verringert, wie Korrelationsstudien nahelegen, das Risiko, *academic burnout* zu entwickeln. Ein möglichst frühzeitiges, auch präventives Stärken von Resilienz, möglicherweise zusammen mit weiteren HERO-Komponenten, erscheint besonders vielversprechend und bedeutsam. Da aber auch im Jugendalter das Gehirn hoch anpassungsfähig ist und bis ins frühe Erwachsenenalter hinein ohnehin komplett umgebaut und auf diese Weise optimiert wird, muss keineswegs angenommen werden, dass später einsetzende Maßnahmen zur Stärkung von Resilienz nutzlos wären. Im Gegenteil! Im Übrigen kann ein weiterer Faktor das Risiko von *academic burnout* verringern, nämlich positiv eingestellte, enthusiastische Lehrkräfte (zur Bedeutung von Unterrichtsenthusiasmus vgl. Kap. 4).

Optimism/Optimismus

Optimismus bezeichnet eine zuversichtliche Grundhaltung. Optimistische Menschen blicken mit positiver Erwartung auf Bevorstehendes. Wenn sie sich um etwas bemühen, erwarten sie eher günstige als ungünstige Entwicklungen, und zwar selbst dann, wenn nicht alle Umstände optimal sind. Mit dem Begriff realistischer Optimismus kann eine positive, dabei aber nicht realitätsfremde Grundhaltung von unrealistischem Optimismus oder naivem Optimismus unterschieden werden. Unser Ratgeber nimmt Bezug auf realistischen Optimismus.

Manchem erscheint – vielleicht – trotz dieser Definition der Begriff Optimismus noch nicht ganz klar. Vor allem die Abgrenzung zu Selbstwirksamkeit ist auf den ersten Blick nicht einfach. Hilfreich ist es, Optimismus als eine Grundhaltung zu betrachten, während Selbstwirksamkeit jede einzelne Herausforderung im Spiegel der eigenen Kompetenzen einschätzt. Durch Studien (Finch et al. 2020) mit Probandinnen und Probanden im Schulalter konnte Optimismus als ein wichtiger Prädiktor u. a. für den Schulerfolg und das Wohlbefinden identifiziert werden.

Optimismus nicht unterschätzen!

Optimismus scheint vielfach unterschätzt zu werden, möglicherweise, weil die Erkenntnisse dazu, wie bedeutsam Optimismus sein kann, noch recht neu sind. Betrachtet man Effekte der einzelnen HERO-Komponenten jeweils für sich, dann erweist sich Optimismus oftmals als besonders wichtig, z. B. ist es der stärkste Prädiktor für persönliches Aufblühen (*flourishing*, vgl. Kap. 4) – stärker als Hoffnung, Selbstwirksamkeit und sogar stärker als Resilienz. Es liegen ferner Nachweise dafür vor, dass ein Anstieg von Optimismus Angst mindert (Finch et al. 2020: 1032). Das trifft auch für Selbstwirksamkeit zu, aber der Effekt ist schwächer.

Im Licht solcher Erkenntnisse betrachtet, scheint Optimismus unter den HERO-Komponenten besonders beachtenswert zu sein bzw. zumindest beachtenswerter als bislang geschehen. Die vier HERO-Komponenten zusammen bieten allerdings, wie schon kurz erwähnt, wahrscheinlich noch mehr Potenzial als eine einzige Komponente, die isoliert gefördert wird.

Trotzdem gibt es zahlreiche Programme, die nur einzelne Komponenten fokussieren, vor allem Resilienz (vgl. Kap. 2). Dies hat, wie es scheint, zum einen mit der Machbarkeit zu tun (die Konzeption von Angeboten zur Förderung von Resilienz hat sich als machbar erwiesen) und zum anderen mit der Erforschbarkeit (Effekte lassen sich oft nur dann nachweisen, wenn ein Programm nur einen Aspekt fördert, andernfalls lässt sich schwer sagen, worauf ein gefundener Effekt zurückzuführen ist). Wie Studien belegen, ist es möglich, Optimismus durch entsprechende Interventionen zu steigern, wobei die Effekte unterschiedlich stark sind, je nach Art des Angebots. Beispielsweise zeigten Online-Programme signifikant geringere Effekte als solche mit persönlicher Begegnung (Malouff & Schutte 2017; ein ähnliches Bild zeigt sich bei Resilienz-Programmen). Außerdem schnitt ein Programm besonders gut ab, dessen Kernmerkmale das Setzen von Zielen und das Visualisieren bestmöglicher zukünftiger Entwicklungen ist. Im Fremdsprachenunterricht kann das ein sehr schöner Sprech- oder Schreibimpuls sein, mit dem ein tatsächliches Ziel verfolgt wird.

Zur Steigerung von realistischem Optimismus und der eigenen Antriebskraft kann die WOOP-Strategie (Oettingen 2015), eine Zielrealisierungstechnik und Mentalstrategie, genutzt werden. WOOP steht für *wish* (Wunsch), *outcome* (Ergebnis), *obstacle* (Hindernis) und *plan* (Plan).

W ISH
Welches Ziel möchtest du zu erreichen?

O UTCOME
Wie ist es, wenn das Ziel erreicht ist?
Was ist der positive Ertrag?

O BSTACLE
Welche Hindernisse gibt es?

P LAN
Wie kannst du sie meistern? Was ist dein Plan?

Abb. 13: Mit WOOP zu mehr realistischem Optimismus, Antriebskraft und Zielorientierung (nach Oettingen 2015)

Die Technik wurde in den letzten Jahren verschiedentlich, z. B. für den Arbeitskontext, empfohlen. Sie ist aber bei Eltern, Schülerinnen und Schülern und Lehrkräften noch eher wenig bekannt, dabei wird sie von ihrer Urheberin, der Psychologin Gabriele Oettingen, als überaus wirksam bezeichnet („WOOP wirkt Wunder“, 2015: 7).

Bei der Durchführung ist es wichtig, die Abfolge der Schritte einzuhalten (Abb. 13). Es beginnt mit einem Wunsch, einem Vorhaben, einem Ziel, das man erreichen will (Schritt 1). Bei Schritt 2 geht es darum, sich den positiven Ertrag auszumalen, das Gute lebhaft vorzustellen, das bei Zielerreichung eintritt. Der Wunsch bzw. das Ziel wurde somit konkretisiert, der positive Ertrag der Zielerreichung imaginiert, was als Antrieb dienen und für entsprechende Motivation sorgen soll. Damit aus positiven Vorstellungen tatsächlich etwas werden kann, muss Handeln hinzukommen. Da die meisten Wege zu Zielen Hindernisse aufweisen, soll in Schritt 3 gefragt werden, welches Hindernis der Erfüllung im Wege stehen könne. Mit Schritt 4 wird dafür gesorgt, einen passenden Plan zu erstellen. Dieser zielt darauf, das Hindernis zu erkennen und zu bezwingen. Die Schritte 3 und 4 dienen dazu, sich nicht in naivem Optimismus und der Annahme, es gäbe keine Herausforderungen und Widrigkeiten, auf den Weg zu machen, dann aber doch von Hindernissen überrascht zu werden und womöglich zu resignieren.

Beim Fremdsprachenlernen können Schülerinnen und Schüler die WOOP-Strategie für viele verschiedene Ziele nutzen, z. B. beim Vokabellernen. Der Wunsch (Schritt 1) könnte lauten: *Ich will die Vokabeln zu Unit 5 bis Freitag gut können.* Ein positiver Ertrag (Schritt 2) hiervon wäre, sich im Unterricht beteiligen zu können, in einem Test gut abzuschneiden usw. Hindernisse (Schritt 3) könnten sich ergeben, wenn die Zeit fürs Lernen anderweitig zerfließt oder wenn es bei einzelnen Vokabeln zunächst nicht gelingen will, sie im Gedächtnis zu verankern. Die Lösung zum Bezwingen dieser Hindernisse (Schritt 4) könnte das Erstellen eines Arbeitsplans mit Lernzeiten und -portionen sein sowie das gezielte Auswählen und Anwenden von Memorisierungstechniken, beispielsweise die, die unter der Rubrik *Aktiv werden!* gegen Ende dieses Kapitels vorgestellt werden.

WOOP stellt ein systematisches Vorgehen mit einer stimmigen Folge jeweils überschaubarer Schritte zu einem Ziel dar. Es erhöht die Wahrscheinlichkeit von Erfolgserlebnissen und des Annehmens sowie Meisterns von Herausforderungen. Zugleich trägt es zu einem realistischen Optimismus im Sinne einer zuversichtlichen Grundhaltung bei.

Dass Grundhaltungen, Erwartungen, Gefühle und Gedanken uns tatsächlich beeinflussen können, belegen übrigens nicht nur Studien zu den HERO-Komponenten, sondern z. B. auch Placebo-Studien. Hier wird einer Gruppe ein Medikament verabreicht (Verum), einer anderen Gruppe hingegen etwas, das zwar genau wie ein Medikament aussieht, aber keinen Wirkstoff enthält. Ungeachtet der Gruppenzugehörigkeit – die Teilnehmenden wissen natürlich nicht, ob sie in der Verum- oder Placebo-Gruppe sind – können Wirkungen wahrgenommen werden. Mitunter stellen sich auch Nebenwirkungen ein und zwar nicht nur in der Gruppe derer, die tatsächlich einen Wirkstoff verabreicht bekommen haben. Wirkungen, die ohne Wirkstoffgabe zustande kommen und auf Erwartungen und Gedankenkraft basieren, bezeichnet man als Placebo-Effekt, die Nebenwirkungen sogenannter Scheinmedikamente als Nocebo-Effekt. Beide Effekte belegen auf eindrucksvolle Weise, dass Gedanken, Erwartungen und Einstellungen tatsächlich Einfluss haben. So wird auch die Hirnarchitektur nicht nur durch Taten und Erlebnisse, sondern auch durch Gedanken beeinflusst und geformt. Wer sich z. B. ständig ängstigt und in negativen Gedankenschleifen festhängt, festigt dadurch mit der Zeit die Angstnetzwerke im Gehirn. Es gilt aber auch umgekehrt: Positive Gedanken, Zuversicht und Optimismus hinterlassen ebenfalls Spuren und können so zu einem günstigen Umgang mit Herausforderungen beitragen. Durch möglichst regelmäßiges Anwenden von Strategien wie WOOP oder das Durchführen von Übungen, wie in *Happy Learning* vorgestellt, kann der Lernende selbst den HERO in sich stärken, außerdem können Eltern und Lehrkräfte einen wichtigen Beitrag leisten. Neben Übungen und Strategien kann z. B. das Erteilen von Lob eine Rolle spielen und zwar entweder als *blessing* oder als *curse* förderlich bzw. abträglich wirken.

Richtig loben

Fast alle Menschen freuen sich über Lob. Es macht uns stolz, fühlt sich belohnend an, kann eine Kaskade positiver Emotionen auslösen und es kann uns anspornen, zuversichtlich neue Herausforderungen anzunehmen. Lob kann diese positiven Wirkungen zeigen, wenn es ehrlich gemeint ist und wenn es Anstrengungen würdigt. Falsches Lob kann aber auch toxisch sein! Zwei Faktoren sind ausschlaggebend für gutes, förderliches Lob: die Dosis und die Art und Weise, wie gelobt wird.

Echtes Lob braucht die Aufmerksamkeit dessen, der das Lob erteilt. Man beobachtet als Eltern oder Lehrkraft, wie ein Kind oder Jugendlicher sich anstrengt, Zeit investiert, an einer Sache dranbleibt, etwas wagt, was vorher vermieden wurde, z. B. sich im Unterricht zu melden. Oder man erkennt an einem Produkt, z. B. einem Bild oder Text, dass es nicht eben schnell hingehuscht wurde. In solchen Fällen sollte nicht mit Lob gespart werden, und das Lob sollte angemessen sein. Aber nicht alles ist deswegen gleich herausragend oder spitze. Wichtig ist, nicht einförmig, wenig nuanciert oder reflexartig einfach alles zu loben. Spätestens im Grundschulalter merken Kinder, wenn Lob unüberlegt erteilt wird, statt eine Geste echter Zuwendung und Aufmerksamkeit zu sein. Sie werden ärgerlich, traurig, fühlen sich nicht ernst genommen oder unterschätzt statt wertgeschätzt.

Bei manchen Kindern führt dauerndes Loben dazu, dass sie beginnen von ihrer Umwelt ständig Lob einzufordern. Mit der Zeit werden sie davon abhängig, was für den Selbstwert des Kindes und die Entwicklung seiner Resilienz nicht förderlich ist: „Sein Selbstwert wird so zunehmend abhängig vom äußeren Lob, es kann sich nur annehmen, wenn es positiv bewertet wird" (Döpfner 2022: 87). Hinzu kommt, dass Kinder, die zu Hause dauernd gelobt werden, irgendwann schmerzlich feststellen müssen, dass gar nicht alles, was sie tun und sagen, Lob verdient und bemerkenswert ist. Diese Erfahrung ist dann zutiefst irritierend, verletzend und enttäuschend. Außerdem kann Loben, falsch verstanden und falsch eingesetzt, sogar manipulativ und somit gefährlich sein (ebd.: 88). Menschen, die zu Narzissmus (Selbstbewunderung) neigen und solche mit niedrigem Selbstwertgefühl, empfinden oft ein gesteigertes Verlangen nach Lob.

Loben im Sinne der Positiven Psychologie darf weder manipulieren, noch Abhängigkeiten schaffen, vielmehr geht es darum, so zu loben, dass Kinder bzw. Menschen ganz allgemein gesprochen Wertschätzung erleben und erfahren, dass ihre Anstrengung, kreativen Ideen, ihr Engagement usw. bemerkt und gewürdigt werden. Der Fokus liegt beim Loben also gar nicht unbedingt auf dem Ergebnis (vgl. Kap. 4 zu *Anstrengungen würdigen)* oder gar auf Eigenschaften (ein *Du bist so klug* spricht dem Kind im Grunde sogar ab, dass es Anteil an einer Leistung hat), sondern auf dem, was sie aus eigener Kraft schaffen.

„Lobenswerte" Strategien oder die zehn Gebote des Lobens sind (ohne Gewichtung der Relevanz durch die Reihenfolge):

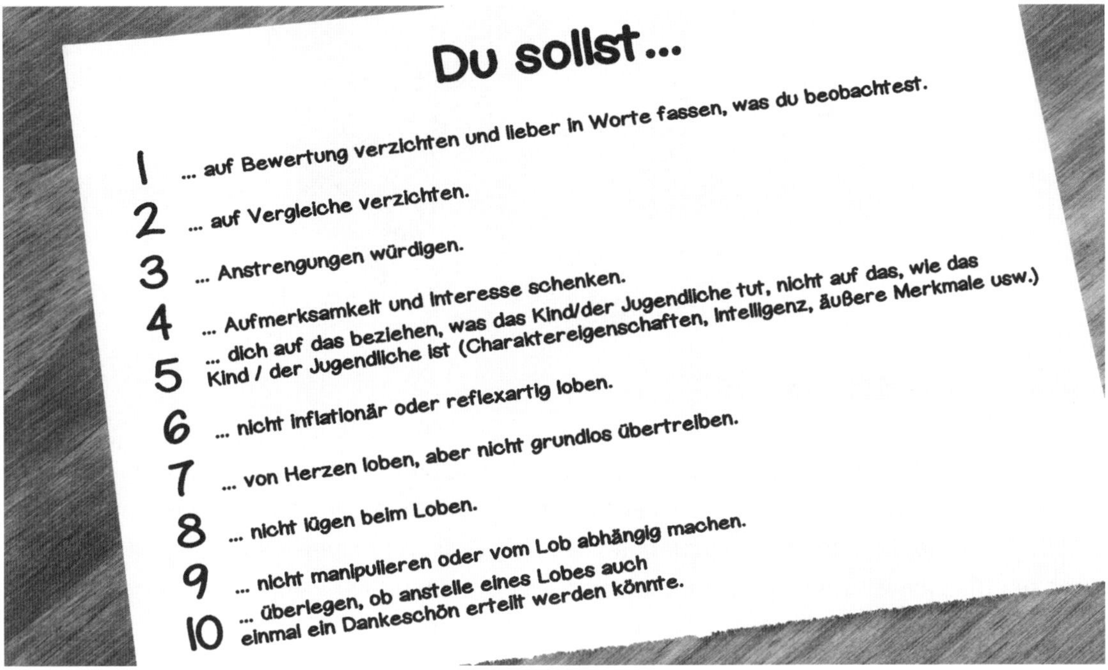

Abb. 14: Die zehn Gebote des Lobens

So macht Loben glücklich! Zwischen der Fähigkeit Glück empfinden zu können bzw. der Intensität des Glücksempfindens und den HERO-Komponenten besteht ein gewisser Zusammenhang. Beispielsweise fällt es Menschen mit einem gesunden Maß an Optimismus oft leichter, Glück zu empfinden. Ihre Grundeinstellung und ihr Attributionsstil, d. h. die Ursachen, die sie Ereignissen zuschreiben, können als glücksförderlich bezeichnet werden. Dabei gilt für das Glücksempfinden, dass Gene, Umstände und das eigene Handeln zusammenwirken und jeweils zu einem gewissen Anteil Einfluss nehmen. Neuere Forschungsarbeiten (Vedder 2021) gehen davon aus, dass im Durchschnitt etwa 50% des Glücksempfindens durch die genetische Ausstattung bestimmt ist, d. h. durch Persönlichkeitseigenschaften wie z. B. Offenheit. 40% wird beeinflusst durch das, was man tut und wie man denkt, und lediglich 10% sind äußeren Umständen, einschließlich Alter, Geschlecht, Gesundheitszustand usw., geschuldet.

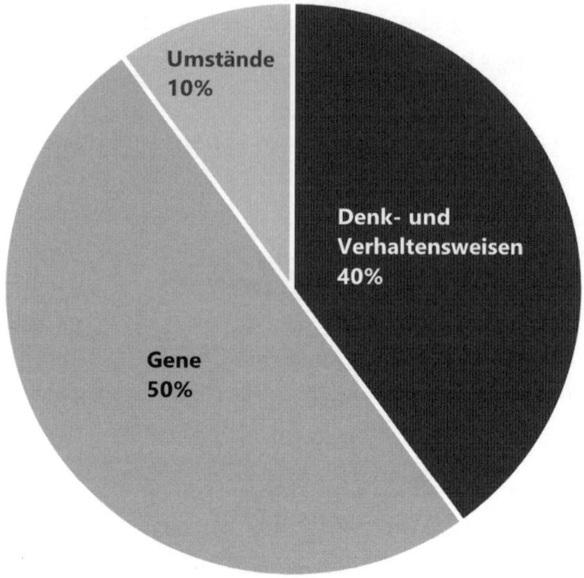

Abb. 15: Anteile am Glücksempfinden

Der genetisch bestimmte Anteil ist zwar nicht unerheblich und kann ähnlich wie ein Filter beim Glückserleben wirken, aber es zeigt sich auch, dass die jeweiligen Umstände einen sehr geringen Anteil haben und dass der Bereich, auf den wir selbst Einfluss nehmen können, mit 40% keineswegs unerheblich ist. Aber welche Rolle spielt Glücksempfinden eigentlich? Und gibt es auch zu viel Glück?

Glück allein?

Glück wird definiert als das häufige Erleben von positiven und seltener von negativen Emotionen. In Kapitel 1 haben wir bereits *happiness* und *luck* unterschieden und damit zwei Facetten des deutschen Wortes Glück voneinander getrennt, nämlich Glück als positive Emotion und Glück als äußere Fügung oder Zufall (z. B. ein Hauptgewinn). Glückserleben hat verschiedene positive Folgen, besonders die Verbesserung oder Stabilisierung der physischen und psychischen Gesundheit, z. B. durch eine geringere Ausschüttung des Stresshormons Cortisol (Vedder 2021: 5). Entscheidend für das individuelle Glückserleben ist die jeweilige Glückskompetenz. Damit wird die Fähigkeit bezeichnet, Glücksmomente im Alltag wahrnehmen und genießen zu können. Die Glückskompetenz ist „individuell sehr unterschiedlich ausgeprägt […] [lässt] sich aber trainieren" (ebd.: 2). Eine hohe Glückskompetenz zeichnet sich vor allem durch Haltungen und Denkweisen aus, die es ermöglichen, Glücksmomente nicht wenig beachtet vorbeiziehen zu lassen, sondern sich an ihnen zu erfreuen bzw. Glück dadurch sogar hervorzurufen, dass man es im Alltäglichen zu entdecken vermag (verschiedene Übungen finden sich in der Rubrik *Aktiv werden!* in diesem Ratgeber).

Möchten wir unsere persönliche Glückskompetenz verbessern oder andere dabei unterstützen, dann ist der erste Schritt die Bewusstmachung von Denk- und Verhaltensmustern. Dabei gilt es, eher negative Muster zu erkennen und durch positive zu ersetzen. Glückskompetenz lässt sich durch optimistisches Denken aufbauen, durch das Setzen und Verfolgen von Zielen (vgl. WOOP-Strategie), sowie durch Dankbarkeit. Dankbarkeitsübungen, wie der in Kapitel 2 vorgestellte Dankbarkeitsbaum, helfen dabei, positive Erlebnisse nicht als selbstverständlich hinzunehmen, sondern wertzuschätzen und sich an ihnen zu erfreuen: „Diverse Studien konnten nachweisen, dass Dankbarkeit das Glück ursächlich erhöht und sich positiv auf die Gesundheit auswirkt" (ebd.: 9).

Das Entwickeln von Glückskompetenz bedeutet allerdings nicht, negative Emotionen zu tabuisieren. Negative Gefühle sind nicht per se schlecht: Angst, beispielsweise, ist eine negative Emotion, aber sie kann überlebenswichtig sein, uns in einer Gefahrensituation dazu bringen, z. B. ganz schnell wegzulaufen und damit Schaden von uns abzuwenden. Am Auslösen von Flucht- und Kampfreaktionen (alternativ mitunter auch das Sich-tot-Stellen) ist im Gehirn der Mandelkern (Amygdala) beteiligt. Diese Hirnstruktur erfüllt wichtige Funktionen, denn sie überprüft enorm schnell, ob wir uns in einer gefährlichen Lage befinden und beurteilt Situationen emotional. Die Amygdala ist unsere innere Warnsirene, durch die wir schnell und effektiv in Alarmbereitschaft versetzt werden.

Auf diese Weise können negative Emotionen überlebenswichtig sein. Wir nehmen sie enorm rasch wahr und sie bleiben uns außerdem besonders gut in Erinnerung. Aber negative Emotionen fühlen sich unangenehm an, unsere Handlungs- und Denkmuster werden eingeschränkt, auf das vorliegende Problem eingegrenzt und sie fordern viel Aufmerksamkeit und Energie. Sie sind, besonders auf Dauer, anstrengend.

Dennoch gilt: Auch Emotionen, die nicht im positiven Spektrum liegen, gehören zu uns. Sie alle sind wie Saiten eines Instruments, die manchmal erklingen, manchmal nicht, und manche erklingen öfter als andere. Aber Melodien bestehen in der Regel nicht nur aus hellen Tönen! Wenn es uns, übertragen gesprochen, gelingt, positive Emotionen öfter erklingen zu lassen als negative und die positiven Töne, wenn sie erklingen, wahrzunehmen, dann ist das ein vielversprechender Ansatz.

Wie gehe ich mit negativen Emotionen um?

Halten wir fest: Negative Gefühle sind nicht unnütz. Sie sind natürlich, denn sie bilden einen der beiden Pole des Spektrums unseres Fühlens. Meistens sind wir ganz darauf fokussiert, dass sie sich unangenehm anfühlen und vergessen dabei, dass sie über dieses unangenehme Gefühl vor allem eine Funktion zu erfüllen haben, nämlich die, uns eine Information zu übermitteln. Beispielsweise sagt Angst vor einer Prüfung etwas darüber, wie wir mit dieser Situation umgehen bzw. wie wir sie subjektiv erleben und bewerten. Ist die Angst intensiv und übersteigt das normale Maß an Lampenfieber, kann die erlebte Emotion die Information enthalten, dass eine Bewältigungsstrategie zum Einsatz kommen sollte – eine solche Strategie kann u. a. das Bändigen durch Benennen sein, das weiter unten vorgestellt wird. Bewältigungsstrategien zielen keineswegs auf ein Unterdrücken, sie sollen vielmehr Möglichkeiten dafür schaffen, dass wir auch unangenehme Emotionen annehmen und sie als Mitteilungen an uns selbst verstehen können.

> ***emodiversity***
>
> **Die Vielfalt und Durchmischung von Emotionen zählt!**

Der Begriff *emodiversity* verweist auf die Vielfalt der Gefühle und ermutigt zu emotionaler Akzeptanz. Selbst Glückswahrnehmung entsteht nicht durch ununterbrochenes Erleben von Glücksmomenten, sondern letztlich erst durch den Kontrast mit zumindest einigen Unglückserfahrungen (Vedder 2021: 3). Achtsamkeitsübungen können dazu beitragen, Emotionen, angenehme wie auch unangenehme, annehmen zu können. Die Erforschung des „emotionalen Ökosystems" (Mocker 2018) ist noch recht jung. Der Begriff verweist darauf, dass, wie in einem funktionierenden Ökosystem in der Natur, auch bei Emotionen die Vielfalt und Durchmischung ausschlaggebend ist. Wenn angemessen, d. h. wenn die Gefühle tatsächlich zur Situation passen, sind auch negative Emotionen wichtig. Studien zu *emodiversity* versuchen ein differenzierteres Bild davon zur Verfügung zu stellen, was uns tatsächlich guttut. Die Idee, es seien ausschließlich positive Emotionen, greift zu kurz und kann sogar, wenn sie überbetont wird, schädlich und destabilisierend wirken, zu *toxic positivity* führen. Wir gehen gleich noch darauf ein. Studien zu *emodiversity* geben u. a. Hinweise darauf, dass das Erleben von mehr verschiedenen positiven Emotionen beispielsweise zu einem niedrigeren Level an entzündungsfördernden Stoffen im Blut führt, sich also günstig auf die Gesundheit auswirken kann (ebd.). Eine Reihe an Forschungsarbeiten enthält Hinweise darauf, dass vielfältiges emotionales Erleben für die physische und psychische Gesundheit förderlich ist, allerdings nutzen die Studien oft persönliche Rückmeldungen aus der Retrospektive, d. h. die Teilnehmenden erinnern sich in der Rückschau z. B. an den zurückliegenden Tag und machen Angaben zu ihrem emotionalen Erleben. In der Rückschau vergessen wir jedoch oft Details, Dinge verzerren sich, und manchmal fehlen uns auch die Worte, um exakt benennen zu können, was wir empfunden haben. Es ist also festzuhalten, dass *emodiversity* ein spannendes, dabei aber gar nicht so einfach zu erschließendes Forschungsfeld ist, wobei der bisherige Kenntnisstand die Annahme stützt, dass das Erleben von Gefühlsvielfalt wichtig ist.

Da negative Emotionen besser im Gedächtnis bleiben als positive – die Erinnerung daran soll uns schützen – ist es wichtig, negative Gefühle nicht zusätzlich zu verstärken. Wir sollten uns nicht in ihnen festbeißen, sie vielmehr als vorbeiziehend im Sinne von „passing events in the mind" betrachten (Dundas et al. 2013: 251). Es ist nicht ratsam zu versuchen, sie zu unterdrücken, denn das führt in der Regel nur dazu, dass unangenehme Gefühle umso heftiger hervorbrechen. Blickhan (2021: 75) nutzt dafür das Bild eines Balles, den man versucht unter die Wasseroberfläche zu drücken. Das ist nicht nur kräftezehrend, sondern „[b]ei der geringsten Unaufmerksamkeit [...] schießt [der Ball] [...] mit großer Macht nach oben" (ebd.). Das führt uns zurück zum Phänomen der *toxic positivity*.

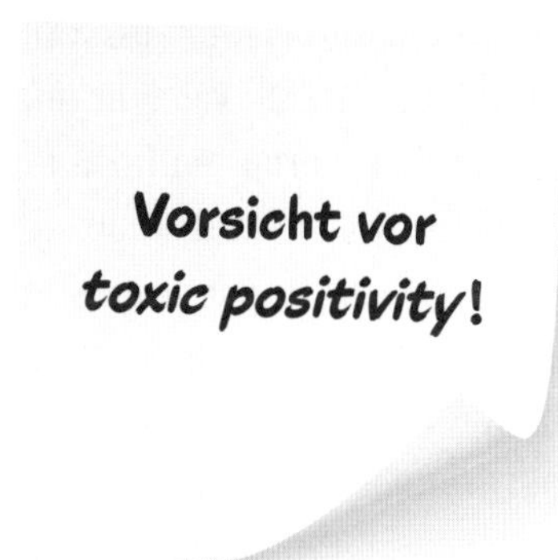

Seit einigen Jahren ist, auch in Deutschland, ein bedenklicher Trend zu *toxic positivity* zu beobachten (Goodman 2022), der in den sozialen Medien einen besonders fruchtbaren Boden gefunden und dadurch eine beachtliche Reichweite erhalten hat. Mit Toxischer Positivität geht eine Tabuisierung von negativen Emotionen einher. Nur positive Gefühle scheinen erlaubt bzw. erstrebenswert und zeitgemäß zu sein. Die Vorstellung, immer nur positiv empfinden zu dürfen, baut enormen Druck auf, zwingt zum Verdrängen und Verheimlichen von Emotionen, die nicht im positiven Spektrum liegen, was große Anstrengung erfordert, energetisch erschöpfend wirkt und, wie oben am Beispiel des Balls gezeigt, zumindest auf Dauer nicht funktioniert. Hinzu kommen oft Schuldgefühle und Gefühle der Unzulänglichkeit, ausgelöst durch den Irrglauben, dass man negative Gefühle gar nicht haben dürfe. *Toxic positivity* missversteht gründlich, worauf das Betonen von positiven Denk- und Handlungsmustern im Sinne einer gesunden Positivität tatsächlich abzielt. Menschen mit überzogener, zwanghafter Positivität schaden im Übrigen nicht nur sich selbst, u. a. indem sie sogar an Resilienz verlieren, statt stärker zu werden, sondern sie machen es auch anderen schwer, mit ihnen zu interagieren – zumindest auf einer ehrlichen Basis, nicht auf einer, die ein Scheinbild kultiviert. Da sie selbst negative Emotionen vermeiden, statt sie zuzulassen, fehlt ihnen oft nicht nur die Akzeptanz, sondern auch das tiefere Verständnis dafür, wenn eine andere

Person z. B. gerade traurig ist. Es ist kaum möglich, echte Empathie zu empfinden, wenn man sich selbst versagt, auch negative Gefühle in gesundem Maß zu erleben und zu verarbeiten, es vielleicht sogar als Versagen betrachtet, wenn sie aufkommen. Toxische Positivität drückt sich auch in der Sprache aus, z. B. in der Verwendung vermeintlich aufmunternder, tatsächlich aber oberflächlicher Parolen wie: *Sei nicht so negativ! Komm mal klar! Was nicht tötet, härtet ab!* Aber nicht nur Personen, die selbst zwanghaft positiv zu sein versuchen, verwenden solche Phrasen, ehrlich betrachtet haben die meisten von uns in gewissen Situationen eine Tendenz dazu. Dies geschieht in der Regel ohne böse Ansicht, zum einen aus Gewohnheit (sie sind in unserer Lebensumwelt präsent), zum anderen aus einer Art Hilflosigkeit heraus: Es ist nicht leicht, zu ertragen, wenn z. B. die Freundin oder die Tochter gerade traurig ist. Wir wollen, dass sie sich besser fühlt, wir wollen helfen und versuchen es mit Durchhalteparolen, manchmal auch mit Vergleichen, die zeigen sollen, dass es sogar noch schlimmer sein könnte. Das ist zwar gut gemeint, aber schlecht gemacht, denn solche Phrasen signalisieren eher, dass die gezeigten Gefühle unnötig, übertrieben, sogar falsch und für Außenstehende sowieso eine regelrechte Zumutung wären.

Wer seine Zeit und Energie damit verbraucht, nur Positives und Glück allein erleben zu wollen, verschwendet seine Ressourcen und erlebt statt Vielfalt und Glück vielmehr „Glücksstress" (Vedder 2021: 3). Wie wir gezeigt haben, muss man manchmal z. B. eine Weile traurig sein, um dann wieder Freude und Glück als Kontrast dazu erleben und genießen zu können. Lehrkräfte und Eltern können oftmals durch ihre Präsenz und ein offenes Ohr dazu beitragen, dass Kinder und Jugendliche einen gesunden Umgang mit ihren unterschiedlichen Emotionen finden. Das Kennenlernen einiger Strategien kann wesentlich dazu beitragen, dass wir uns negativen Emotionen nicht hilflos ausgeliefert fühlen. Im Folgenden werden zwei Strategien vorgestellt, wobei *Bändigen durch Benennen* die Sprache nutzt und damit ein positives Gegenbeispiel zu oberflächlichen Phrasen gibt. Im Unterricht kann diese Strategie auch in einer Fremdsprache entdeckt und eingesetzt werden. Manchmal kann durch das Nutzen einer Fremdsprache eine gewisse Distanz geschaffen werden, die es erlaubt, solche Übungen und Vorschläge besser anzunehmen und über die eigene Gefühlswelt sprechen zu können.

Bändigen durch Benennen

Dass der Umgang mit negativen Emotionen nicht immer einfach ist, wissen viele aus eigener Erfahrung, Lehrkräfte auch aus ihrer Arbeit mit Kindern und Jugendlichen. Die meisten Eltern kennen schwierige Momente, in denen es den Kindern (noch) nicht gelingt, ihre Emotionen zu regulieren. Tatsächlich ist die Emotionsregulation ein Entwicklungs- und Lernprozess, der auch durch die Hirnreifung beeinflusst wird: Im Pubertätsalter baut sich das Gehirn nach und nach um, wodurch u. a. die kognitive Entwicklung vorangebracht wird (Sambanis & Walter 2020). Die Kontrollinstanz des Gehirns braucht am längsten zum Ausreifen, nämlich bis ins junge Erwachsenenalter hinein. Dieser Reifungsprozess vollzieht sich in Abhängigkeit zu den Erfahrungen, die gemacht werden. Mit der im Folgenden vorgestellten Strategie können wir dafür sorgen, dass beim Umgang mit negativen Gefühlen gute Erfahrungen gesammelt werden können.

Die Strategie, die schon von Kindern genutzt werden kann, basiert auf dem Benennen von Gefühlen. Es klingt nicht spektakulär, es ist aber sehr effektiv, wenn wir Emotionen benennen und sie dadurch fassbar machen. Gebe ich einer Emotion einen Namen, indem ich z. B. sage *Ich habe Angst* oder *Ich fühle mich bei dem Spiel ausgegrenzt*, wird sie greifbar und verarbeitbar. Die Klarheit des Denkens verbessert sich wieder, indem die Aktivität unserer inneren Alarmanlage heruntergeregelt wird. Höhere Schaltkreise im Gehirn können die Situation dann feiner analysieren. Auf diesem Mechanismus im Gehirn basiert die Wirkung dieser einfachen Strategie des Bändigens von negativen Gefühlen: *Name it to tame it!* (Siegel in Blickhan 2021: 78). Ein Bändigen negativer Emotionen durch das Benennen kann also dabei helfen, die Gefühle nicht zu verdrängen, sondern sie durch das Benennen zu konkretisieren und dadurch besser in den Griff zu bekommen. Eine zweite Möglichkeit, die auch mit dem Benennen kombiniert werden kann, nutzt einen anderen Zugang, nämlich die Körperhaltung.

Negative Emotionen, geringe Selbstwirksamkeitserwartungen und niedrige Resilienzwerte spiegeln sich in der Regel in der Körperhaltung, z. B. hängende Schultern, kaum Körperspannung. Die Körperhaltung spiegelt also, wie es in uns aussieht. Da offenbar eine Verbindung zwischen Körperhaltung und Gefühlslage besteht, lautet die spannende Anschlussfrage: Ließen sich über die Körperhaltung negative Emotionen, Stress oder auch das Gefühl der Unzulänglichkeit reduzieren? Können wir an der Körperhaltung ansetzen, wenn im Kopf die Alarmsirenen schallen und klares Denken unmöglich scheint?

Mach dich groß, fühl dich groß!

Vor etwa 15 Jahren machte eine Studie (Carney et al. 2010) von sich reden, die beanspruchte zu beweisen, dass durch das Einnehmen einer Machtpose – man könnte sagen: einer ausladenden, protzigen Körperhaltung, auch Power Pose genannt – das Fühlen, Handeln und die Wahrnehmung beeinflusst werden könne. Das Interesse der Öffentlichkeit war groß, denn das Halten einer

Power Pose für ein bis zwei Minuten stellt sich als eine sehr einfache Möglichkeit dar, um etwas zu bewirken, auch in herausfordernden Situationen, in denen klares Denken wegen starker Gefühle (z. B. Angst, Aufregung usw.) kaum möglich ist. Wir machen uns groß, stehen aufrecht und bändigen so ungünstige Einstellungen und Gedanken, wir schöpfen Selbstvertrauen und fühlen uns besser. Statt verzweifelt zu versuchen, negative Gedanken und Gefühle zurückzudrängen, wählt Power Posing einen anderen Ansatzpunkt als den Kopf, nämlich den Körper. Das Einnehmen einer aufrechten Position ist meist leichter zu bewerkstelligen als das Durchbrechen negativer Gedanken. Da Körper und Geist zusammenwirken, kann über die Körperhaltung auch das Denken und Fühlen in günstigere Bahnen gelenkt werden. So betrachtet stellt sich Power Posing als eine vielversprechende Entdeckung dar, die Erwachsene, Kinder und Jugendliche gleichermaßen für sich nutzen können. In der Schule könnte das Einnehmen einer großen, offenen Körperhaltung vor einer Klassenarbeit oder einem Referat hilfreich sein. Im Unterricht wäre es möglich, das Einnehmen einer offenen Körperhaltung zu einer gemeinsamen Routine zu machen, um z. B. vor einer Sprechaufgabe Zuversicht zu verspüren und Sprechfreudigkeit zu mobilisieren, unnötige Selbstzweifel und Angstgefühle gar nicht erst aufkommen zu lassen. Da die Fähigkeit, an kommunikativen Interaktionen mitwirken zu können, ein wesentliches Ziel des Fremdsprachenunterrichts bildet und damit das Sprechen mit und vor anderen einen besonders wichtigen Platz einnimmt, könnte Power Posing gerade für Sprachfächer eine wertvolle Strategie sein.

Doch die vielbeachtete Studie geriet in die Kritik, insbesondere, weil die Forschergruppe berichtet hatte, dass sich das Cortisollevel nach Einnehmen einer Power Pose verringere und das Testosteronlevel erhöhe. Ein abnehmender Cortisolwert weist darauf hin, dass das Stresslevel zurückgeht, wohingegen ein Anstieg von Testosteron als Hinweis darauf gedeutet werden kann, dass man sich auf eine Herausforderung vorbereitet. In sogenannten Replikationsstudien, also erneuter Durchführung der Studie mit anderen Teilnehmenden, ließ sich die Veränderung der beiden Hormonlevels dann jedoch nicht mehr nachweisen, und so geriet erst einmal die gesamte Idee in Verruf. Das Wiederholen von Studien ist wichtig, um Befunde kritisch prüfen zu können und um zu erkennen, wo sich ähnliche Ergebnisse und somit verdichtende Erkenntnisse zeigen und wo Abweichungen. Allerdings sind gar nicht alle Studien wiederholbar. Weniger als zwei Drittel aller veröffentlichten Befunde lassen sich in Wiederholungsstudien bestätigen. Diese noch recht neue Bewusstwerdung führte, u. a. in der Psychologie, zur sogenannten Replikationskrise (Ritchie 2020: 28f.).

Die Studie zu Power Posing aus dem Jahr 2010 ist eine jener, zu der die Kritik besonders laut wurde, wahrscheinlich wegen der einstigen Popularität, außerdem räumte eine der Forscherinnen mögliche Fehler ein. Manche betrachteten Power Posing daraufhin als enttarnten Mythos. Eine aktuelle Metaanalyse zeigt inzwischen jedoch, dass es sich nicht um einen Mythos handelt. 2022 legte ein Forscherteam eine systematische und umfassende Analyse vor (Körner et al. 2022), basierend auf den Daten von ca. 10 000 Probandinnen und Probanden. Diese Metaanalyse ermöglicht es, die Wirkung von Körperhaltung genauer und unvoreingenommen einzuschätzen. Es ergibt sich folgendes Bild:

Durch das Einnehmen einer aufrechten und offenen oder auch einer ausladenden Körperhaltung (Power Pose) lassen sich Gedanken und Gefühle beeinflussen. Die größten Effekte betreffen die Psyche. Sie sind signifikant und außerdem robust, d. h. sie zeigen sich in verschiedenen Studien.

Abb. 16: Aufrechte Körperhaltung und Power Pose

Mehrere Studien weisen außerdem Verhaltenseffekte nach: Durch das Einnehmen einer aufrechten Haltung können die Ausdauer und das Dranbleiben an einer Aufgabe gesteigert werden. Expansive Körperhaltungen, wie z. B. breitbeiniges Stehen und Abstützen der Hände an den Hüften (siehe Abb. 16, Power Pose), können, ähnlich wie die aufrechte Haltung, stärkend wirken, dabei aber eine Tendenz zu Überlegenheitsgefühlen mit sich bringen.

Die Metaanalyse bestätigt zwar, dass sich hinsichtlich des Hormonspiegels keine bzw. keine signifikanten Effekte nachweisen lassen, aber sie belegt auch, dass die Idee, bei der Körperhaltung anzusetzen, trotzdem gut ist (Körner et al. 2022: 76f.). Interessant ist außerdem, dass sich die Effekte auf Psyche und Verhalten unabhängig vom Alter, der Kultur- oder Genderzugehörigkeit

Mach dich nicht klein!

Aufrecht stehen, Stärke fühlen.

der Person zeigen. Es wurde auch kein Unterschied zwischen Studierenden und Nicht-Studierenden gefunden, was darauf schließen lässt, dass das Einnehmen einer aufrechten Körperhaltung gerade dann, wenn wir beginnen uns klein zu machen und unsicher zu fühlen, unabhängig vom Bildungsgrad und -weg ein sinnvoller erster Ansatzpunkt sein kann. Besonders im Hinblick auf Gedanken und Gefühle lassen sich so positive Veränderungen in Gang setzen sowie die Ausdauer und Willensstärke unterstützen.

Werde ein Sprachlern-HERO!

Beim Lernen kommt es oft darauf an, sich nicht entmutigen zu lassen, Ziele zu definieren und geeignete Strategien und Techniken zu kennen und einzusetzen, um diese Ziele zu erreichen. Hoffnung, Selbstwirksamkeit, Resilienz und Optimismus stehen zu Erfolg in einer Art Wechselwirkung: einerseits begünstigen sie erfolgreiches Handeln, andererseits wirkt sich die Erfahrung, eine Herausforderung gemeistert oder ein Ziel erreicht zu haben, auch stabilisierend auf PsyCap aus. Erleben Kinder und Heranwachsende wiederholt, dass sie Ziele nicht erreichen oder sich bei der Erledigung von Aufgaben und dem Erbringen von Leistungen schwertun, wirkt sich das schwächend aus und oftmals beginnt dann die Abwärtsspirale aus Erschöpfung, weiter nachlassender Leistung, Unlust und Zynismus, was sich, wie oben erwähnt, zu *academic burnout* entwickeln kann.

Am besten ist, es kommt gar nicht erst so weit, denn reparieren ist, wie so oft, auch hier mühsamer als vorbeugen. Jedes Kind sollte die Chance bekommen, ein Lern-HERO zu werden, d. h. getragen von Hoffnung, Resilienz und Optimismus selbstwirksam Lernherausforderungen anzunehmen und durch Gelingenserfahrungen die persönlichen positiven Entwicklungs- und Wachstumsfaktoren zu fördern. Durch das Zugänglichmachen und Ausprobieren von Strategien und Techniken wird die Erreichung von Lernzielen wahrscheinlicher und das Erleben von Lernerfolg ermöglicht.

Beim Sprachenlernen ist der Wortschatzauf- und -ausbau eine tragende Säule und für viele Lernende eine besondere Herausforderung. Die Frage, ob man Wörter lernen müsse, stellt sich nicht wirklich, denn Wörter sind die Bausteine der Sprache. Interessanter und zielführender ist die Frage, wie Wörter am besten gelernt werden können. Studien belegen, dass das sture Pauken mit der Vokabelliste nicht der Königsweg ist (Schilitz 2021), dass so zwar, oftmals durch jahrelange Gewöhnung, kurzfristig zum Teil zufriedenstellende Leistungen erbracht werden, aber schon mittelfristig vieles wieder verlorengeht.

Am Beispiel des Vokabellernens lässt sich aufzeigen, wie Lernende ihren Lernprozess selbstwirksamer gestalten können und durch Selbstwirksamkeitserlebnisse auch gesunden Optimismus aufbauen sowie die weiteren HERO-Komponenten stärken können. Dazu brauchen sie ein Repertoire an Vorgehensweisen: „Wer über ein breiteres Spektrum [...] [an Vorgehensweisen] verfügt, kann sich an mehr Wörter erinnern“ (Kötter 2022: 203). In der Fachliteratur wird eine zum Teil sehr detaillierte Diskussion darüber geführt, wie die Begriffe Strategien und Techniken zu unterscheiden seien. Manche sehen Techniken als weniger komplex, Strategien hingegen als eine „Abfolge oder Kombination mehrerer Schritte“ (ebd.: 195). Für unseren Ratgeber verwenden wir den Begriff Technik.

Merktechniken kennen und nutzen

Im Folgenden werden ausgewählte Techniken vorgestellt, mit denen es gelingen kann, sich neues Wissen erfolgreich anzueignen. Die unten dargestellten Merk-/Mnemotechniken wurden aus der Fülle der Möglichkeiten ausgewählt, weil sie sich in Studien als effektiv erwiesen haben.

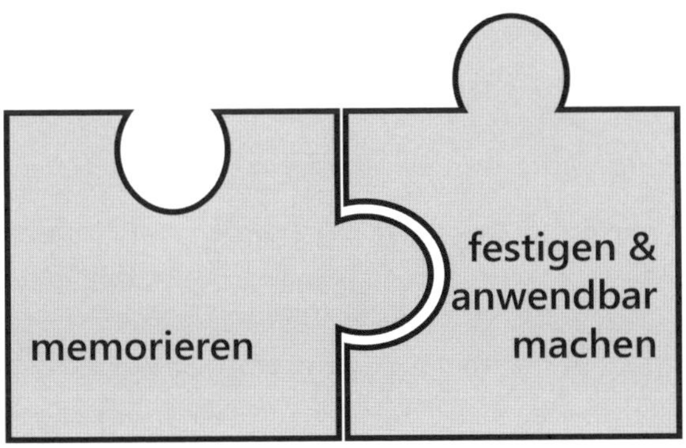

Abb. 17: Aufnehmen und Anwendbarmachen als komplementäre Bausteine

Das Aufnehmen von Neuem bildet einen ersten und sehr wichtigen Schritt beim Wissensaufbau, oftmals müssen jedoch weitere Schritte hinzukommen. Neugelerntes muss, damit es tatsächlich anwendbar und nicht wieder gelöscht wird, auch genutzt werden. Andernfalls greift das *use it or lose it*-Prinzip: Im Gehirn wird das, was nicht mehr abgerufen wird, als Ballast identifiziert und nach Möglichkeit zum Löschen freigegeben. Dadurch stellt das Gehirn sicher, dass Energie nicht unnötig investiert wird und dass Speicherkapazitäten für tatsächlich Wichtiges und Nützliches verwendet werden. Nur so kann das Gehirn effizient arbeiten. Beim Üben und Wiederholen hat es sich vielfach bewährt, wenn die Abstände zwischen den Übungen zuerst kleiner sind, mit der Zeit können sie größer werden. Auch das Verknüpfen von Neuem mit bereits vorhandenen Gedächtnisinhalten ist sinnvoll, denn Anknüpfen ist leichter als gänzlich Neues zu lernen.

Ziele

Merktechniken ermöglichen die Aufnahme von Neuem, d. h. sie zielen zunächst auf das Auswendiglernen. Je solider dieses erste Aneignen gelingt, desto leichter und erfolgversprechender kann auch der nächste Schritt genommen werden, dessen Ziel es ist, aus Wortschatzwissen eine in der Kommunikation spontan gebrauchsfähige Ressource zu machen. Mnemotechniken bilden aus kognitiver Sicht ein elementares Werkzeug, aber auch emotional und motivational ist das Erleben, sich neues Wissen aneignen zu können, enorm wichtig. Es stärkt die Selbstwirksamkeit, das Vertrauen in die eigenen Fähigkeiten und den Optimismus. Entsprechend setzt die sich anschließende Rubrik *Aktiv werden!* bei konkreten Vorschlägen an, die Schülerinnen und Schüler selbst anwenden können. Sieben Merktechniken wurden sorgsam ausgewählt und werden, ergänzt durch einen Extratipp für das Lernen zu Hause, im Folgenden vorgestellt. Die Techniken können im Unterricht mit den Lernenden ausprobiert werden. Alle lassen sich ferner außerhalb des Schulunterrichts nutzen, z. B. bei den Hausaufgaben, allein oder, wenn gewünscht mit Lernpartnern, z. B. Eltern, Geschwistern, Freunden.

Aktiv werden! Übungen für den Unterricht und für zu Hause

Verbinde Orte und Inhalte!

Das tatsächliche oder gedankliche Verbinden von Orten und Inhalten gilt als eine der ältesten Mnemotechniken überhaupt. Man nennt sie auch Loci-Methode. Im Klassenzimmer lässt sie sich so ausprobieren: Als Gesamtgruppe oder in Kleingruppen wählen wir uns einen Weg, auf dem gelernt wird. Auf diesem Weg gibt es Haltestationen, an denen eine Portion des Lernstoffes präsentiert und gemeinsam wiederholt wird, z. B. bei der Klassenzimmertür. Dann geht es weiter zur nächsten Station. Am Ende kann der Weg nochmals gegangen werden, wobei die Inhalte am jeweiligen Ort erinnert und wieder aufgegriffen werden. Für viele Lernende ist es hilfreich, den Weg tatsächlich ein zweites Mal zu gehen, danach kann man die Haltestationen und Inhalte auch gedanklich in Erinnerung rufen. Zu Hause kann der Weg z. B. an der Wohnungstür beginnen. Dort werden die ersten zwei oder drei Vokabeln gelernt. Dann geht es weiter, beispielsweise zum Kühlschrank, wo Portion zwei gelernt wird usw.

Durch diese Technik werden die Inhalte portioniert und mit Orten verknüpft. Zentral ist dabei, außer dem Nutzen von Raum-Lage-Informationen und dem Herstellen einer bestimmten Folge an Stopps auf dem Weg, die Bewegung. Auch sie trägt zum Behaltenseffekt bei (vgl. die Techniken zum Lernen im Gehen und zu Mimik, Gestik, Körperbewegung weiter unten).

Mach dir ein Bild!

Zeichnungen, Skizzen sowie Vorstellungsbilder können das Aufnehmen von Wissensinhalten unterstützen. Visuelle Informationen sind enorm wichtig und in unserer Lebenswelt ständig präsent. 60-90% aller Informationen, die uns im Laufe eines Tages begegnen, sind visuell oder haben visuelle Anteile. Bilder und Illustrationen werden im visuellen System des Gehirns verarbeitet und können als mentale Bilder sprachliche Informationen, z. B. beim Vokabellernen, ergänzen und dadurch die Behaltensleistung stützen. Das bedeutet allerdings nicht in jedem Fall, dass schon fertige Bilder zur Verfügung gestellt werden müssten. Manchmal ist es auch möglich, sich selbst ein Bild vor dem inneren Auge zu erschaffen und dieses mit dem Lerninhalt zu verbinden. Das aktiviert die Lernenden, und gelernt wird bekannterweise in der Regel dann, wenn wir selbst aktiv werden und selbst denken! Machen sich Lernende zu Inhalten eine Skizze, so wird, ergänzend zu den sprachlichen und visuellen Informationen, eine motorische Spur im Gehirn angelegt. Auch das kann die Lernchancen erhöhen.

Mach eine Geschichte draus!

Gerade bei isolierten Fakten, wie einer Liste unverbundener Vokabeln, fällt es manchmal schwer, zuversichtlich mit der Aneignung des Neuen zu beginnen, denn aus Erfahrung wissen wir, dass scheinbar Unzusammenhängendes nicht einfach zu verarbeiten ist. Meistens vergessen wir einzelne Elemente rasch wieder, was frustrierend ist und dem

Lern-HERO ordentlich zusetzen kann. Die Lösung besteht darin, die Inhalte so aufzubereiten, dass sie eingebettet und verbunden werden, sodass sich das Gehirn gerne mit ihnen beschäftigt. Bestens geeignet und vielfach bewährt hat sich das Überführen von Wissensinhalten in Geschichten. Bei neuen Vorkabeln versucht man spontan, sich eine Situation vorzustellen und eine Geschichte oder zumindest eine kleine Handlungsabfolge zu entwickeln, in die alle oder möglichst viele der neuen Vokabeln eingebunden werden. Das Hören, Erzählen und Erfinden von Geschichten ist eine Art Grundbedürfnis des Menschen. Von klein auf sind wir von Geschichten umgeben und entwickeln so unsere narrativen Kompetenzen. Diese können als Lernzugang genutzt werden. Geschichten sind für die Sprachentwicklung enorm wichtig.

Sortiere und verknüpfe!

Diese Technik greift die Idee auf, das Memorieren von Neuem durch visuelle Darstellungen zu unterstützen, und zielt ebenfalls, wie die Technik mit der Geschichte darauf, isolierte Inhalte zu verbinden. Durch das Erstellen beispielsweise von *graphic organizers* können Lerninhalte strukturiert und Verbindungen sichtbar gemacht werden (z. B. neue Vokabeln nach Wortarten sortieren, nach Wortlänge, nach subjektiv empfundenem Schwierigkeitsgrad oder inhaltlichen Aspekten). Dadurch bleiben die Inhalte nicht unverbunden, es findet eine intensive Auseinandersetzung mit dem Lernstoff statt und dieser wird außerdem in mehrere Portionen eingeteilt. Mit *Sortiere und verknüpfe!* wird der Lernstoff so organisiert, dass er besser lernbar wird.

Organisationstechniken wie diese helfen nicht nur deshalb beim Verarbeiten von Neuem, weil sie Lernstoff portionieren und Unverbundenheit reduzieren, sondern weil es beim Sortieren und Verbinden oftmals gelingt, Muster und Regelhaftigkeiten zu erkennen. Das Gehirn ist ein Muster- und Regeldetektor. Es sucht ständig nach Mustern, nicht zuletzt in der Sprache. Neue Informationen werden dahingehend geprüft, ob sie Regelhaftes erkennen lassen und sich an andere, bereits im Gehirn repräsentierte Muster anbinden lassen. Durch die empfohlene Technik wird dieser Prozess und damit die Aufnahme des Neuen erleichtert.

Schreibe – am besten von Hand!

Schreiben kann eine wirkungsvolle Technik sein, wenn man sie richtig einsetzt. Manche Menschen nutzen sie intuitiv richtig und stellen fest, dass sie sich Dinge besonders gut merken können, wenn sie diese aufgeschrieben haben. Wie aber nutzt man sie richtig, was wäre der falsche Weg?

Wenig hilfreich und eher demotivierend ist das mechanische Abschreiben, bei dem die Gedanken ganz woanders unterwegs sind und die Technik eine lästige, meist fremdbestimmte Pflicht darstellt. Wirksam ist Schreiben beim Aufnehmen von Neuem hingegen, wenn es vom Lernenden selbst möglichst gezielt eingesetzt wird und dabei dazu veranlasst, sich mit den Inhalten auseinanderzusetzen. Dies geschieht z. B., wenn diese nicht einfach wahllos aufgeschrieben werden, sondern wenn man ihnen dabei eine Struktur gibt. Zu neuen Wörtern könnte man, ähnlich wie bei der Technik zum Sortieren und Verknüpfen schon vorgeschlagen, eine Übersicht erstellen oder aber einen Merkzettel. Beim Merkzettel legt der Lernende vorher fest, wie viele Wörter niedergeschrieben werden dürfen. Das Festhalten durch die Schrift wird so zur wertvollen Erinnerungsstütze statt zur lästigen Pflicht! Für die übrigen Vokabeln müssen Symbole, Smileys oder Skizzen verwendet werden. Ziel ist es, mithilfe des Merkzettels am Ende alle neuen Vokabeln erinnern zu können. „Das Erarbeiten von eigenen Darstellungen [...] hat in Studien besser abgeschnitten als das Wiederholen von Vorgegebenem oder mehrfaches Durchlesen [...]" (Sambanis & Walter 2022: 66). Mit dem Schreiben wird die Motorik angesprochen, d. h. entsprechende Bewegungsabläufe werden in den Lernprozess eingebunden. Gelingt es dabei, die zu memorierenden Inhalte zu aktivieren, sich also gedanklich mit ihnen zu befassen, auf sie fokussiert zu sein, so kann die Motorik zusammen mit den Sprachzentren, visuellen und möglichst auch den auditiven (selbst sprechen und sich selbst sprechen hören), zum Gedächtnisaufbau beitragen.

Das Schreiben von Hand führt im Gehirn zu einem Aktivierungsmuster, an dem zwölf Hirnareale beteiligt sind, darunter Bewegungszentren und solche, die für die Sprachverarbeitung zuständig sind. Beim Handschreiben erscheinen die Wörter dort, wo sie geschrieben werden. Auf diese Weise verbinden sich die visuellen Eindrücke unmittelbar mit den beim Schreiben ablaufenden motorischen und kognitiven Abläufen.

Beim Tippen hingegen verhält es sich anders. Geschrieben wird auf der Tastatur, aber an dieser Stelle wird nichts sichtbar. Das Geschriebene erscheint auf dem Display oder Monitor. Augen und Hände arbeiten, anders als beim Handschreiben, nicht am selben Ort und nicht in derselben Richtung. Nur beim Handschreiben behält der Blick stets die Schreibrichtung bei und zwar sowohl beim Beobachten des Schreibvorgangs (beim Tippen springt der Blick von Buchstabe zu Buchstabe) als auch beim Wahrnehmen des Geschriebenen. Entsprechend wird das Gehirn beim Tippen anders aktiviert als beim Handschreiben: „Das Drücken einer Taste [...] aktiviert das Gehirn, wie Studien mit bildgebenden Verfahren belegen, auf ähnliche Weise wie das Schlagen einer Trommel" (ebd.: 67). Als Mnemotechnik hat das Handschreiben größeres Potenzial als das Tippen, aber das Schreiben auf Endgeräten ist nicht generell schlecht. Wenn Lernende sich ihre Vokabeln beispielsweise nur durch mehrfaches Durchlesen zu merken versuchen – was nicht unüblich ist, aber besonders mittel- und längerfristig wenig zielführend, oft frustrierend –, andere jedoch eine App nutzen, bei der die neuen Wörter und Wendungen mehrfach getippt werden müssen, dann erreichen diese Schülerinnen und Schüler oft bessere Ergebnisse als jene, die ausschließlich auf die Kraft des Durchlesens setzen.

Lerne im Gehen!

Auch ohne feste Route hat das Gehen Potenzial, und schon die alten Griechen lernten und philosophierten im Gehen: Es aktiviert uns, regt die Durchblutung und Sauerstoffzufuhr an und hilft, einen Grad an Wachheit zu erreichen, der es uns erlaubt, Neues zu verarbeiten. Dass Gehen darüber hinaus auch positive Effekte auf die Gesundheit hat, ist für alle, die viel sitzen, eigentlich schon Grund genug, um diese Technik zumindest auszuprobieren. Aber das Lernen im Gehen kann auch sehr zuträglich für die Verarbeitung von Gedächtnisinhalten sein. Schauspielerinnen und Schauspieler oder andere Personen, die viel Text behalten müssen, setzen oftmals intuitiv auf diese Technik und erzielen damit gute Erfolge. Wie lassen sich diese erklären? Tatsächlich sind die lernstützenden Effekte nicht nur auf die anregende Wirkung der Bewegung zurückzuführen, sondern auch auf die gleichmäßige Rhythmisierung des Denkens und Wiederholens im Takt der Schritte. Einfache, zuverlässige Rhythmen, wie beispielsweis der des Gehens, haben sich bei verschiedenen sprachlichen Übungen als wirksam erwiesen, sogar in der Therapie von Sprachstörungen. Das Aufnehmen neuer Vokabeln im Rhythmus der eigenen Schritte kann allein oder auch mit einer Lernpartnerin oder einem -partner durchgeführt werden.

Setze auf Mimik, Gestik, Körperbewegung!

Gesten, Mimik, Körperhaltungen und Körperbewegungen können dabei helfen, Inhalte im Gedächtnis so abzubilden, dass sie sich gut festigen und wieder abrufen lassen. Als Memorisierungstechnik genutzt, verbindet man mit einer neuen Vokabel oder Wendung eine inhaltlich passende Geste oder eine Pose, z. B. für *inner strength* eine Power Pose. Bei Begriffen, die nicht konkret darstellbar sind, wird kurz überlegt, in welchem Kontext das Wort verwendet wird und wie, d. h. mit welchem emotionalen Ausdruck in der Stimme, der Mimik und Körperhaltung. Das Finden von passenden Bewegungen führt zu einer Befassung mit den Inhalten und trägt so unmittelbar zum Lernprozess bei. Am besten werden die Vokabeln mehrfach laut oder halblaut gesprochen, nicht nur stumm im Kopf, denn, wie weiter oben in Zusammenhang mit *private speech* schon erwähnt, führt lautes Wiederholen zu einer höheren Behaltensleistung als stummes Wiederholen. Beim Wiederholen wird auch die jeweilige Bewegung gemacht. Die Wirksamkeit der Kombination von Bewegung und Inhalt einschließlich lautem Wiederholen als Memorierungstechnik ist durch eine ganze Reihe an Studien belegt (Sambanis & Walter 2020) und zwar nicht nur für jüngere Lernende, sondern ebenso für andere Altersstufen, einschließlich Teenagern und (jungen) Erwachsenen (Böttger & Sambanis 2021, Schilitz 2021).

Durch die Bewegungen wird das Sprachliche mit stimmigen motorischen und sensorischen Impulsen angereichert, wodurch die Lerninhalte lebhafter und eindrucksvoller werden. Die dadurch erreichte Verstärkung der Repräsentation im Gehirn führt in der Regel zu besserem Behalten und wirkt auch über die Zeit hinweg dem Vergessen entgegen.

Bonus-Tipp für zu Hause

Generationen von Schülerinnen und Schülern hatten schon den sehnlichen Wunsch, im Schlaf lernen zu können. Tatsächlich trägt Schlaf maßgeblich zum Lernen bei, besonders zur Sicherung, zum Aussortieren und auch zum Löschen. Eine ausreichende Portion ruhigen Schlafs ist, so gesehen, eine unverzichtbare Lernzutat. Ruhephasen sind für Körper und Geist unerlässlich. Aus diesem Grund sind Angebote, die versprechen, man könne im Schlaf über Kopfhörer lernen, kritisch zu beurteilen.

Was hingegen tatsächlich gut funktioniert, ist das Memorisieren oder Wiederholen einer überschaubaren Portion an Inhalten unmittelbar vor dem Schlafen. Gelingt es, eine kleine Lernepisode als letzte Erinnerung vor dem Einschlafen in die Schlafphase mitzunehmen, sind die Chancen hoch, dass sich das Gehirn mit diesen frischen Eindrücken befasst und im Zuge der Nachbereitungsprozesse während des Schlafs dafür sorgt, dass die Inhalte durch Reaktivierung gefestigt werden. So lässt sich Schlaf als eine zusätzliche Memorisierungshilfe nutzen. Sie funktioniert gut, allerdings nur für eine überschaubare Portion und bei Fokussierung auf die Inhalte.

Gebrauchsanweisung für *Lernen auf der Bettkante*

kleine Lernportion → Hirn an → wiederholen → Licht aus → schlafen

Gefühle zeigen

Nicht nur das Zulassen, sondern auch das Deuten von Emotionen fällt besonders Jugendlichen oftmals schwer. Ursächlich dafür sind Umbauprozesse im Gehirn.

Ziele und Vorgehen

Die Übung stellt den mimischen Ausdruck von Gefühlen ins Zentrum und trägt dazu bei, Emotionen zuzulassen sowie, von außen betrachtet, deuten zu lernen. Übungen wie diese sollen die Entwicklung hin zu guter Deutungsfähigkeit und Akzeptanz von Gefühlen unterstützen. Zugleich sorgt die Übung, im Fremdsprachenunterricht eingesetzt, methodisch für Abwechslung. Soll z. B. das Frage-Antwort-Schema *Do you like? – Yes, I do./ No, I don't.* geübt werden, können die Lernenden aufgefordert werden, die an sie gerichtete Frage zuerst mit Mimik, Körperhaltung und gegebenenfalls Gestik zu beantworten und erst im nächsten Schritt auch sprachlich: *Do you like kittens?* – verzücktes Gesicht, das sagt: Katzenbabys sind so süß! – *Yes, I do!*

Die Übung ist auch im Online-Unterricht einsetzbar, wenn die Lernenden die Kamerafunktion ihrer Endgeräte nutzen. Als Verbindung zwischen dem mimischen Hinweis und dem sprachlichen Beantworten der Frage können Mitschülerinnen und Mitschüler, wie bei einem Ratespiel, zunächst die von ihnen vermutete Antwort äußern. In sprachlicher Hinsicht erlaubt das Erraten der Antwort auf Grundlage der mimischen Hinweise das Übertragen in die dritte Person (z. B. *Yes, she does!*).

Gefühle zeigen erlaubt es zum einen, bestimmte sprachliche Strukturen wiederholt zu üben, ohne allzu schnell Monotonie aufkommen zu lassen. Zum anderen regt die Übung zum Sprechen an und sie aktiviert viele bzw. alle Lernenden. Studien zu Zusammenhängen zwischen akademischem Erfolg und PsyCap belegen eindrucksvoll, dass Lernende, die sich mehr einbringen und aktiver mitwirken, auch bessere Chancen haben, ein hohes Level von PsyCap zu erreichen. Das wiederum wirkt sich günstig auf die Lernerträge und den Bildungserfolg aus.

Die Übung kann in abgewandelter Form im Sprachunterricht zur Wortschatzerweiterung eingesetzt werden und über den Weg des Darstellens und Erratens das Benennen von unterschiedlichen Gefühlen durch Adjektive (*sad, happy, disgusted, surprised, bored* usw.) ins Zentrum stellen. Ein Lernender zieht eine Adjektiv-Karte, stellt das Wort dar, und die Klasse versucht es zu erraten. Im Sinne der Verbindung und Wertschätzung von sprachlichen Ressourcen können einige der verwendeten Adjektive im Anschluss noch in anderen Sprachen, z. B. Familiensprachen oder Schulfremdsprachen, benannt und verglichen werden.

Daumen hoch-Karte

Mit der *Daumen hoch*-Karte kann Lob ausgedrückt werden und es lassen sich nette Botschaften übermitteln. Im Grunde ist es eine zeitgemäße Version früherer Fleißkärtchen, die, besonders in der Grundschule, bis vor etwa 50 Jahren noch genutzt wurden. Damals wurden Fleißkärtchen allerdings vor allem ausgegeben, um Gehorsam und, wie der Name schon sagt, Fleiß zu belohnen, und durch die Belohnung dafür zu sorgen, dass auch weiterhin Fleiß und Gehorsam gezeigt würde. Die Zielsetzung hat sich geändert, aber die Idee per se, Kärtchen mit Botschaften einzusetzen, ist auch heute noch nett.

Ziele und Vorgehen

Die *Daumen hoch*-Karte zielt auf eine Stärkung der HERO-Komponenten. Sie soll einen kleinen Glücksmoment im Alltag schenken und den Empfängern zeigen, dass ihre Anstrengungen nicht unbemerkt bleiben. Im Internet finden sich unter dem Suchbegriff *proud of you ticket* oder *proud of you note* verschiedene Vorlagen auf Englisch, teils kostenpflichtig.

Eine zu den jeweiligen Empfängern passende Vorlage lässt sich leicht auch selbst herstellen und immer wieder nutzen. Schön ist es, wenn die Lehrkraft oder Bezugsperson sich persönlich zu Wort meldet (*In dieser Woche ist mir aufgefallen, dass du …*), so wie bei unserem Beispiel unten – es lässt sich für zu Hause anpassen. Besonders nett und persönlich ist es, wenn die Lehrkraft oder Bezugsperson am Ende unterschreibt. Viele Kinder im Grundschul- und frühen Sekundarschulalter freuen sich über solche Kärtchen, manche sammeln sie. In der Pubertät finden das manche allerdings irgendwann kindisch. Trotzdem sollte auch dann nicht auf Lob verzichtet werden, wenn es etwas zu loben gibt! Und manchmal muss man genau hinschauen, um zu sehen, dass sich auch Heranwachsende bemühen. Bei Teenagern ist es wichtig, als Bezugsperson im Gespräch zu bleiben und einander nicht sprachlos zu begegnen, denn sonst droht Beziehungslosigkeit (Böttger & Sambanis 2021: 39ff.).

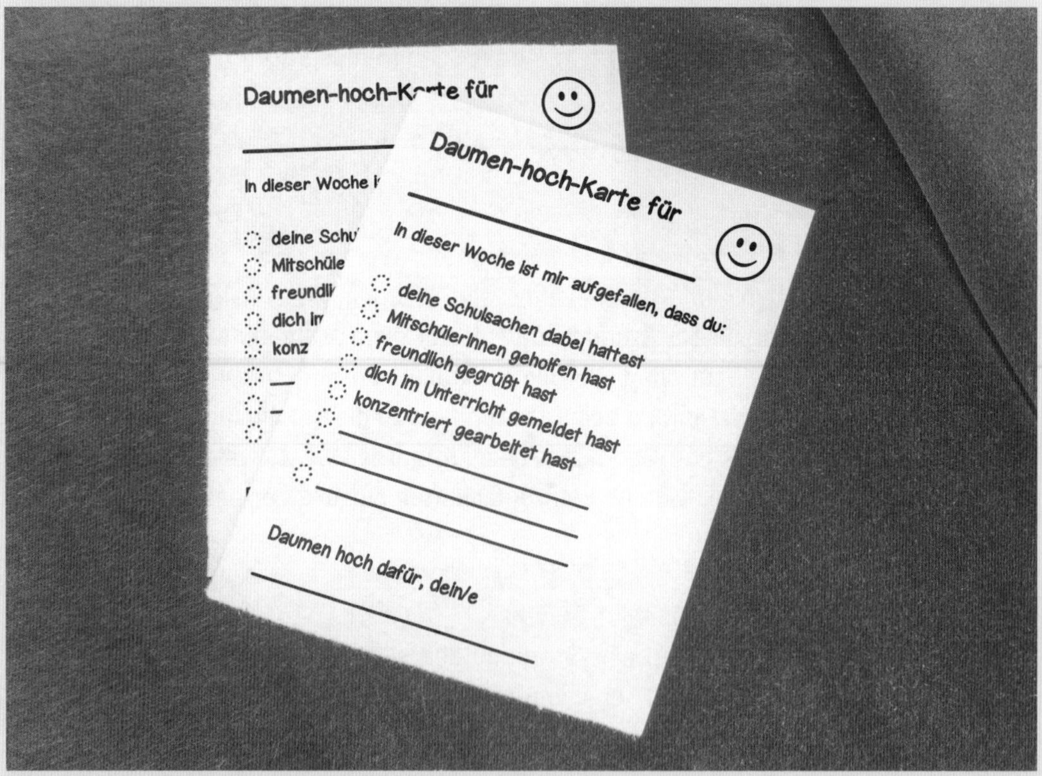

Abb. 18: Modell für eine *Daumen hoch*-Karte

Im Fremdsprachenunterricht kann die Karte in der Zielsprache genutzt werden. Die Freitextzeilen bieten Platz für individuell formulierte Anerkennung. Im Klassenzimmer sollte man darauf achten, dass keines der Kinder leer ausgeht. Das gilt auch für Familien mit mehreren Kindern. Der Erhalt einer *Daumen hoch*-Karte soll etwas Besonderes bleiben und darf auf keinen Fall manipulativ eingesetzt werden.

Die Idee für die *Daumen hoch*-Karte wurde übrigens durch eine Lehramtsstudentin angestoßen, die in einem Seminar an der FU Berlin ein *proud of you ticket* vorstellte und eine Diskussion dazu anregte. Dies zeigt, dass eine von der Positiven Psychologie inspirierte Auseinandersetzung mit dem Lehren und Lernen von Sprachen nicht nur für Bezugspersonen und Lehrkräfte interessant ist, sondern auch für künftige Lehrkräfte. Ein entsprechender Schwerpunkt in Seminaren stößt auf Interesse und regt Studierende dazu an, sich sowohl wissenschaftlich als auch praktisch mit Ansätzen der Positiven Psychologie auseinanderzusetzen. Auch der nächste Impuls geht auf eine von Studierenden eingebrachte Anregung zurück.

The elf on the shelf

Dieser Impuls basiert auf einer jüngeren vorweihnachtlichen Tradition mit Wurzeln in Amerika.

Ziele und Vorgehen

The elf on the shelf bietet schöne Sprech- und Schreibimpulse zum Sprachenlernen und verbindet diese mit dem Benennen von Stärken, mit Wertschätzung, Achtsamkeit, Dankbarkeit, Hoffnung, Optimismus und Resilienz.

In der Vorweihnachtszeit kommt eine Weihnachtselfe, als kleine Figur oder Puppe, zu den Kindern und begleitet sie durch die Wochen vor dem Fest. Als Santas Helfer ist es ihre Aufgabe, zu beobachten und Santa zu berichten. Am ersten Tag sitzt die Weihnachtselfe auf einem Regal (*the shelf*) zu Hause oder im Klassenzimmer und ist von da an jeden Tag an einem anderen Platz. Die Kinder sind gespannt und motiviert, jeden Tag aufs Neue herauszufinden, wo die Elfe sich versteckt hat. Ausgefallene Orte sind besonders beliebt.

Zu *the elf on the shelf* gibt es englischsprachige Kinderbücher und Reime, die im Englischunterricht genutzt werden können. Auch das Entdecken eines Weihnachtsbrauchs, den hierzulande noch nicht alle Kinder kennen, ist mit *the elf on the shelf* möglich. Weitere Bräuche aus anderen Ländern können entdeckt werden, ebenso andere Feiertage im Winter. Das kann sowohl in der Familie als auch im Unterricht ein spannendes Thema sein, das kulturelles sowie interkulturelles Lernen und das Entdecken von Traditionen und Sprachen fördert, neugierig macht und Offenheit unterstützt.

Wird die Weihnachtselfe im Fremdsprachenunterricht in der Grundschule oder in den Klassen 5 und 6 eingesetzt – letztlich lässt sich das in jeder Fremdsprache durchführen – ist ein Verbinden der Schulung von Achtsamkeit (wahrnehmen, wo sich andere Personen, in dem Fall die Elfe, aufhalten) und sprachlichem Lernen schon beim morgendlichen Suchen der Elfe möglich (*Wo ist ... heute? Wer hat ... entdeckt? Wo? Auf dem Schrank, hinter der Pflanze, auf dem Stuhl der Lehrkraft* – Frage-Antwortmuster, Präpositionen).

Im Sinne der Positiven Psychologie kann der vorweihnachtliche Besuch aber auch dazu genutzt werden, um über Dinge nachzudenken, für die man dankbar ist. Diese werden aufgeschrieben und gesammelt, z. B. in einer Baumwolltasche, sodass die Elfe diese am Ende des Aufenthalts mitnehmen kann. Statt Dankbarkeitsbotschaften können auch ehrlich wertschätzende Äußerungen über andere Kinder aus der Lerngruppe bzw. zu Hause über Familienmitglieder und Freunde niedergeschrieben werden, z. B. *Tim hat gemerkt, dass ich mein Essen vergessen hatte und seines mit mir geteilt. Das war total nett und lecker!* oder *Mein kleiner Bruder Mert hat extra für mich ein Bild gemalt. Ich habe mich wirklich gefreut.* Die Erwachsenen (Lehrkraft, Eltern, Großeltern, aber auch Geschwister) können sich beteiligen und nette Botschaften beisteuern, die Stärken benennen und Wertschätzung zum Ausdruck bringen. So wird sichergestellt, dass über jedes Kind eine nette Botschaft in der Sammlung ist.

Wenn *the elf on the shelf* im Fremdsprachenunterricht eingesetzt wird, die Kinder aber die Botschaften noch nicht in der Fremdsprache schreiben können, wird entweder durch Beispielsätze, aus denen die Lernenden auswählen können, Unterstützung angeboten oder die Kinder schreiben auf Deutsch. Bei wertschätzenden Botschaften sind die Kinder neugierig und wollen erfahren, was über sie geschrieben wurde. Das ist gut so, denn nur, wenn die Botschaften ihnen auch gezeigt bzw. vorgelesen werden, erfahren sie, welche positiven Aspekte und Stärken andere bei ihnen sehen. Die Sammlung wird daher gemeinsam kurz vor den Feiertagen (und damit kurz vor der Abreise der Weihnachtselfe) erkundet. Wurden die Botschaften, auf Deutsch verfasst, können sie von der Lehrkraft in der Zielsprache bestätigt und freundlich ergänzend kommentiert werden. So wird eine Verbindung zwischen den Sprachen hergestellt.

Aufrecht und stark in den Schultag

Manche Schultage beinhalten besondere Herausforderungen: ein Referat, eine Aufführung, eine Prüfung und oftmals ist eine gewisse Anspannung spürbar. Nun ist es nicht falsch, wenn Lernende sich vor Herausforderungen fokussieren und ihre Kräfte bündeln, aber Verunsicherung und übermäßige Aufregung, die bei manchen Kindern Appetitlosigkeit, sogar Übelkeit und Erbrechen hervorrufen können, sind abträglich. Viele Eltern reden ihren Kindern dann gut zu und zeigen damit Einfühlungsvermögen, aber die Angst und Anspannung nimmt das in der Regel noch nicht.

Ziele und Vorgehen

Die Übung nutzt Erkenntnisse zum Zusammenwirken des Körpers und Denkens und setzt darauf, bei spürbarer Anspannung bei der Körperhaltung anzusetzen. Dabei gilt es, gemeinsam eine aufrechte Haltung einzunehmen, kurz auf die Atmung zu achten und damit die kreisenden Gedanken anzuhalten und zum eigenen Körper und den Stärken hinzulenken. Am besten begleitet man das Kind mit ein paar Sätzen und macht selbst die Übung mit – es ist eine winzige Zeitinvestition, die sich auszahlen kann! So oder ähnlich lässt sich die Übung anleiten:

Komm, wir stellen uns beide ganz aufrecht hin und atmen tief durch die Nase ein, dann pusten wir die Luft durch den Mund aus.

Lass uns auch die Schultern öffnen, ein bisschen nach hinten ziehen, damit sie nicht hängen. Dann ist noch mehr Platz für unseren Atem. Einatmen durch die Nase, ...

Das fühlt sich schon sehr gut an. Wir können uns aber noch größer machen, wenn wir unseren Scheitel hier oben auf dem Kopf Richtung Decke ziehen. Da merkt man richtig, wie die Wirbel mehr Platz bekommen. Und wieder ein tiefer Atemzug ...

Wenn man möchte, lässt sich das noch weiter ausbauen, z. B. indem man darauf aufmerksam macht, dass die Füße gut verwurzelt sind und einen ganz festen Stand haben und dass, wie bei einem Baum, Energie von den Füßen durch den ganzen Körper fließt, natürlich auch durch unser Gehirn.

Wichtig ist vor allem, dass man das Einnehmen der aufrechten Haltung begleitet und zum tiefen Atmen anregt, denn die Atmung blockiert sonst zumeist und wird flach. Die Übung schließt damit, dass man die gewonnene Energie und Zuversicht ausdrücklich bestätigt und damit das Kind in den Tag starten lässt. Auch für Jugendliche (und Erwachsene!) ist die Übung geeignet. Das Vorgehen kann somit als eine Bewältigungsstrategie in das persönliche Repertoire aufgenommen werden.

4. Flow

Spielende Kinder sind mitunter völlig absorbiert. Sie gehen zeitvergessen in ihrer Tätigkeit auf, sind vollständig darauf fokussiert und blenden alles andere aus. Sie lassen sich von nichts und niemandem ablenken. Sie sind im Flow. Nicht nur Kinder können Flow erleben, sondern auch Heranwachsende und Erwachsene.

Abb. 19: Spielendes Kind

Was ist Flow?

Der Begriff Flow geht auf den Psychologen Csíkszentmihályi zurück, der in den 1970er Jahren die Flow-Theorie begründete. Sie befasst sich mit dem Phänomen, dass Menschen ganz in einer Tätigkeit aufgehen können, und zwar aus Freude an der Tätigkeit selbst, nicht etwa um eine Belohnung zu erhalten oder damit z. B. Geld zu verdienen. Solche Tätigkeiten sind autotelisch, d. h. die Tätigkeit selbst ist das Ziel und ihre Ausführung erfüllend. Flow ist durch folgende drei Merkmale gekennzeichnet (Tse et al. 2022):

- Absorption
- Konzentration
- Freude/Euphorie

Das Belohnungserleben kommt bei Flow nicht von außen (ebd.: 2519): Das Flow-Erlebnis selbst sorgt dafür, dass durch die Freisetzung des Botenstoffs Dopamin im Gehirn Belohnung empfunden wird.

Was bringen Flow-Erlebnisse für das Lernen?

Viel! Sie bilden ideale Rahmenbedingungen für das Lernen. Sie haben, wie es Flow-Forschende manchmal ausdrücken, eine regelrechte Lern-Magnetwirkung. Studien belegen messbare Kompetenzzuwächse bei Personen, die beim Lernen (und Arbeiten) in einen Flow-Zustand geraten und Korrelationen weisen auf eine Steigerung der erbrachten Leistungen hin (Landhäußer & Keller 2012). Dabei spielt das Belohnungserleben, das, wie bereits erwähnt, durch die Dopaminausschüttung angestoßen wird, eine wichtige Rolle. Die Dopaminfreisetzung hat gleich mehrere wertvolle Effekte:

1. Sie sorgt für positive Empfindungen wie Freude oder Stolz. *Happy Learning* also!
2. Sie unterstützt das Lernen, indem die Aktivierungsmuster im Gehirn, die zur Ausführung der Tätigkeit genutzt wurden, verstärkt werden. Es wird effektiv gelernt, Fertigkeiten werden intensiv trainiert.
3. Sie weckt den Wunsch, die Tätigkeit erneut ausführen zu können, denn schließlich hat sie sich – das bringt uns zurück zu Punkt 1 – sehr gut angefühlt. Während das Wiederholen von Inhalten oder Einüben von Fertigkeiten sonst oft Überwindung kostet, wird es durch das Flow-Belohnungsgefühl von der lästigen Pflicht zu einer erfreulichen Tätigkeit.
4. Dopamin kann die Klarheit des Denkens steigern und die Aufmerksamkeit stützen.

Der Botenstoff trägt also sowohl in kognitiver als auch in emotionaler Hinsicht zum Lernen und der Entwicklung bei. Dank der Möglichkeit, ein Flow-Erlebnis haben zu können, wagen wir uns in Situationen, die unsere volle Aufmerksamkeit fordern und unsere Kompetenzen stabilisieren bzw. erweitern (Tse et al. 2022). So trägt das Erleben von Flow entscheidend zur positiven Entwicklung bei.

Auch rückblickend können sich Flow-Erlebnisse positiv auswirken und dabei zugleich eine positive Bewertung der im Flow genutzten Kompetenzen oder gelernten Inhalte bewirken. Freude und Euphorie, die beiden *signature emotions* von Flow (Walker 2010: 3), lassen sich beim Erinnern an ein Flow-Erlebnis oftmals reaktivieren und können so erneut Lernbereitschaft wecken. Auch bei Flow ist es, ähnlich wie bei anderen positiven Erfahrungen, ratsam, innezuhalten und durch Rückschau das Erlebte zu verstärken.

Flow-Erfahrungen sind nicht nur regelrechte Lernverstärker, sondern können auch die wahrgenommene Lebensqualität steigern. Sie tragen zum persönlichen Aufblühen bei. Für den Begriff Aufblühen findet sich in der Flow-Literatur das englische Wort *flourishing*. Es umfasst unser

Wohlbefinden, das Erkennen und Nutzen von Stärken sowie Wachstumsorientierung. Menschen zu *flourishing* zu verhelfen, ist ein wesentliches Ziel der Positiven Psychologie.

Flow-Erlebnisse sind also kostbar und erstrebenswert. Der Vollständigkeit halber sei jedoch erwähnt, dass es auch eine sogenannte *dark side of the flow* gibt. Diese dunkle Seite zeigt sich bei Menschen, die ihre Sehnsucht nach Flow in Bereichen zu stillen versuchen, die nicht positiv sind. Es wird angenommen, dass ein Mangel an positiven Flow-Erlebnismöglichkeiten dazu veranlassen kann, nach Kompensation auf der *dark side* zu suchen. Dabei schaden diese Personen letztlich sich selbst oder anderen, z. B. durch ein Übermaß an Risikobereitschaft bzw. indem sie sich durch unsoziales Verhalten und Gewaltausübung in einen Flow-Zustand bringen oder Suchtverhalten entwickeln. In Zusammenhang mit dem Suchtpotenzial wird oftmals auf digitale Spiele hingewiesen (Brohm & Endres 2017), was tatsächlich in diesem Kontext ein gut gewähltes Beispiel ist, denn die Spieleentwickler setzen gezielt auf das Auslösen des Flow-Zustandes bei den Spielenden. Das gelingt ihnen, indem sie die Spiele so konzipieren, dass diese Schlüsselmerkmale von Flow-Situationen aufweisen. Dadurch fällt es den Spielenden schwer, sich vom Spiel oder, genauer gesagt, aus dem Flow-Erleben, zu lösen (für mögliche Gefahren von Mediennutzung vgl. u. a. Spitzer 2019, für Potenziale beim Lernen von Fremdsprachen Ludwig 2022). Im nächsten Abschnitt schauen wir uns die Merkmale von Flow-Situationen genauer an. Halten wir vorher aber Folgendes fest:

Positive Flow-Erlebnisse tragen zum Wohlbefinden bei, ermöglichen intensive Lernerlebnisse, in denen man sich selbst als kompetent wahrnimmt. Flow-Erfahrungen erfüllen damit ein wichtiges Grundbedürfnis: Wir alle wollen uns als handlungsfähig erleben, wir möchten Vertrauen in unser Können haben, wir sehnen uns also nach Kompetenzerleben und dieses finden wir im Flow, und können es da besonders intensiv und erfüllend erleben. Dabei wird das „Grundbedürfnis nach Kompetenz […] unterstützt durch optimale Anforderung – weder zu leicht noch zu schwer – und […] Feedback" (Blickhan 2021: 157). Damit werden schon einige Aspekte dessen angesprochen, womit sich der folgende Abschnitt befasst, nämlich mit der Frage, wie man in den Flow kommen kann.

Was zeichnet Situationen aus, die Flow ermöglichen?

Beim Abschätzen, ob es in einer Situation eher zu Flow-Erleben kommen kann oder nicht, sind die zu meisternde Herausforderung und die Fähigkeiten und Fertigkeiten, die genutzt werden können, entscheidend. Da die individuelle Wahrnehmung ausschlaggebend ist, werden im Folgenden die Merkmale aus der Ich-Perspektive dargestellt:

- Die Herausforderung, der ich mich stelle, ist optimal für mich. Ich empfinde sie als anregend, sie schreckt mich nicht ab, vielmehr habe ich den Eindruck, sie meistern zu können. Sie überfordert mich nicht, unterfordert mich aber auch nicht.
  Die folgende Abbildung (Abb. 20) veranschaulicht, dass weder bei Unter- noch bei Überforderung Flow möglich ist: Fühle ich mich überfordert, bleibt Kompetenzerleben aus. Ich gerate unter Druck, fühle mich unfähig oder sogar dumm. Es kommt zu Stressreaktionen, ich bin enttäuscht von mir selbst, Angst kann aufkeimen.
  Bei Unterforderung stellt sich Langeweile ein, ich sehe keinen Reiz in der Tätigkeit, keine Chance, mein Können und Wissen dabei einzusetzen und dazu zu lernen. Ich sehe keine Veranlassung, der Situation meine Aufmerksamkeit zu schenken. Ich werde antriebslos. Ich empfinde die Situation als belastend, negative Gefühle kommen auf, die, obschon sie bei Langeweile in der Regel nicht allzu stark sind, mein Aktivitätslevel hemmen oder mich dazu veranlassen, aus der Situation auszubrechen – mental oder auch physisch, z. B. durch Verlassen des Raumes.

Abb. 20: Flow- und Anti-Flow-Zonen

- Meine Tätigkeit hat ein Ziel, z. B. singe ich ein Lied immer wieder mit, weil ich den Text lernen möchte. Ich weiß, dass ich das Ziel erreichen kann.
  Ist das Lied beispielsweise auf Englisch, lerne ich dabei Wörter oder Redewendungen und übe deren Aussprache, ohne dieses Sprachenlernen *en passant* als anstrengend zu erleben. Ich tue es nicht vorrangig, um besser in Englisch zu sein, sondern weil ich Freude an dem Erleben habe, immer textsicherer zu werden. So wird das wiederholte Mitsingen zu einer autotelischen Tätigkeit.

- Unmittelbares Feedback ist ein weiteres Merkmal Flow-förderlicher Situationen. In der Regel bekomme ich aus meiner Aktivität selbst die Rückmeldung (bei digitalen Spielen wird Rückmeldung oft durch ein Punkte- und Anreizsystem vermittelt). Wenn z. B. bei dem Liedtext, den ich versuche zu lernen, das Mitsingen im Refrain schon gut klappt, ich aber in den Strophen noch hängen bleibe, dann weiß ich, dass ich die Strophen noch weiter üben muss, um sie bald genauso gut mitsingen zu können wie den sich wiederholenden Refrain.

Beispiele für Flow-Erlebnisse sind u. a. kreative Tätigkeiten wie Zeichnen oder Töpfern, im Sport kann Flow erlebt werden, z. B. berichten Marathon-Läuferinnen und -Läufer von Flow, auch beim Essen und Diskutieren mit guten Freunden kann sich Flow einstellen. Sogar beim Kartoffelschälen können manche Menschen in den Flow kommen! Bei einfachen Tätigkeiten, die eher die Tendenz haben, zu unterfordern, lässt sich oftmals ein Flow-förderlicher Anreiz schaffen, indem man ein Zeitlimit setzt, das man einzuhalten oder sogar zu unterbieten versucht. Beispielsweise kann das Aufräumen des Kinderzimmers so zu einer netten Herausforderung werden. Das Ergebnis ist vielleicht manchmal nicht ganz perfekt, aber das Aufräumen wird nicht zur Zerreißprobe und kann sogar positiv erlebt werden. In manchen Kitas und Grundschulen wird beim Aufräumen ein bestimmtes Lied eingespielt. Die Kinder kennen das Lied und wissen, dass sie am Ende der letzten Strophe mit dem Aufräumen fertig sein sollen – ein schönes Beispiel für das Schaffen einer Herausforderung durch Begrenzung der Zeit.

Ein bekanntes Beispiel für Flow-Erlebnisse ist das gemeinsame Musizieren oder das Singen im Chor, außerdem das Lesen eines guten Buches, wenn man darin versinkt und darüber die Zeit, manchmal für eine Weile sogar Grundbedürfnisse wie Hunger oder Durst, vergisst. Auch beim Lernen können wir in den Flow kommen und zum Aufblühen beitragen. Positives „Flow-Erleben [...] führt zu persönlichem Wachstum, sorgt dafür, dass wir auch bei schwierigen Tätigkeiten »dranbleiben« und entwickelt unsere Fähigkeiten und Kompetenzen. Darüber hinaus steigert es die Hingabe ans Lernen, [...] und verbessert das Selbstwertgefühl [...]" (Brohm & Endres 2017: 49). Solcher Flow steht in Verbindung mit positiven Emotionen.

Flow

Lernmagnet & Unterstützer von persönlichem Wachstum

Mehr Erfolg beim Lernen durch positive Emotionen?

Lernen ist natürlich ein kognitiver Vorgang. Allerdings beeinflussen Emotionen das kognitive Verarbeiten und somit auch das, was später tatsächlich „hängen bleibt". Bei positiven Emotionen fällt es uns leichter als bei negativen, flexibel zu denken und somit kreativ zu sein oder geeignete Lösungen für ein Problem zu finden. Gefühle nehmen sowohl Einfluss darauf, wie Lernereignisse erlebt und im Gehirn verarbeitet werden als auch darauf, wie groß der Lernertrag ist. Dabei gilt: Positive Emotionen erhöhen die Wahrscheinlichkeit, nachhaltig zu lernen. Die Begriffe Emotionen, Gefühle und Affekte können unterschiedlich verstanden werden, z. B. ist mit Affekt manchmal ausschließlich die körperliche Reaktion gemeint. Der vorliegende Ratgeber nimmt eine solche Unterscheidung nicht vor.

Eine interessante Studie zu positiven Emotionen und Lernerfolg, von der u. a. Lermer (2019: 36) berichtet, ging der Frage nach, ob Lernende – in diesem Fall waren es Siebtklässerinnen und Siebtklässler – mit positiven Emotionen besser abschnitten als solche, bei denen nicht für das Auslösen positiver Emotionen gesorgt wurde. Studien wie diese arbeiten meistens mit einer Experimental- und einer Kontrollgruppe. Wie aber lassen sich bei Schülerinnen und Schülern spontan positive Emotionen auslösen? In vielen Studien werden z. B. Bilder oder kurze Filmsequenzen eingesetzt. Auch das Schenken von Süßigkeiten kann positive Emotionen auslösen, selbst, wenn die Nascherei erst nach dem Experiment gegessen werden darf. Noch einfacher und zudem zahnschonender ist folgendes Vorgehen und dieses wurde bei den Siebtklässern in der Studie angewandt: Die Schülerinnen und Schüler der Experimentalgruppe wurden gebeten, sich an ein erfreuliches Erlebnis zu erinnern, und zwar möglichst lebhaft. Alternativ könnte man auch mit dem persönlichen *happy place* arbeiten: Man überlegt sich, an welchem Ort man sich besonders wohl fühlt und gerne aufhält und lässt diesen *happy place* vor dem inneren Auge entstehen, versucht das Bild durch Geräusche, Gerüche usw. sinnlich auszugestalten. Die gedankliche Reise dorthin tut gut und kann die Stimmung heben. Die Kinder in der Kontrollgruppe hingegen sollten sich weder an einen *happy moment* erinnern noch an ihren *happy place* versetzen, sondern – ein neutraler Reiz, von dem wohl nicht angenommen werden muss, dass er die Stimmung hebt und zu positiven Emotionen führt – von 1 bis 50 zählen. Beide Gruppen lösten direkt im Anschluss die gleiche Aufgabe. Die Lernenden der Experimentalgruppe, also die mit dem *happy moment* vor dem Bearbeiten der Aufgabe, schnitten besser ab als die anderen. Interessant ist dabei außerdem, dass in den Gruppen auch Kinder mit Förderbedarfen waren. Auch diese Kinder erreichten bessere Ergebnisse bei positiver Stimmung. Studien wie diese belegen, dass positive Emotionen das Lernen unterstützen und die Gedächtnisbildung begünstigen können. Aber wie nehmen Emotionen überhaupt Einfluss auf Lernprozesse? Und heißt das nun eigentlich, dass negative Gefühle Lernen verhindern, und dass nur mit positiven Emotionen gut gelernt werden kann?

Wie wird Lernen durch positive und negative Emotionen beeinflusst?

Positive Emotionen können ein besonders wertvoller Lernverstärker sein und zwar nicht nur im Hinblick auf den Lernertrag, sondern auch hinsichtlich des Wohlbefindens des Kindes oder des Heranwachsenden. Auch im Erwachsenenalter sind Momente des Lernens, die mit positiven Gefühlen einhergehen, besonders angenehm und einprägsam. Positive Emotionen erhöhen unsere Bereitschaft, Herausforderungen anzunehmen und das erleben zu können, was eigentlich im Grundprogramm des Gehirns verankert ist: Lernen als freudvoll zu empfinden. Das Meistern von Herausforderungen fühlt sich belohnend an und sorgt für Lust auf mehr Lernen.

Dennoch sind wir auch ohne positive Gefühle in der Lage, zu lernen. Wenn Schülerinnen und Schülern z. B. morgens auf dem Weg zur Schule einfällt, dass eigentlich Vokabeln zu wiederholen gewesen wären und dass diese in einer Leistungskontrolle noch am selben Tag abgefragt werden, löst das wohl keine Freude aus. Im Gegenteil! Die Lernenden nutzen vielleicht den Schulweg in Bus oder S-Bahn dafür, sich zumindest kurzfristig, unter Zeitdruck und einem gewissen Stressempfinden, noch ein paar der Vokabeln zu merken. Wahrscheinlich werden sie sich im Test tatsächlich noch an einige der Vokabeln erinnern, aber schon ein paar Tage später werden sich deutliche Spuren des Vergessens zeigen. Zum einen wurde zu wenig Zeit investiert und mit zu wenig Fokus gelernt, zum anderen sorgen die negativen Emotionen dafür, dass die damit verbundenen Inhalte nur lose im Gedächtnis abgelegt und kaum verknüpft werden. Das macht es dem Gehirn leichter, sie wieder zu löschen, und genau das scheint das Ziel zu sein, und zwar weniger aus kognitiven Gründen als vielmehr aus emotionalen: Das schlechte Vernetzen und schlechte Sichern bei Lerninhalten, die negativ erlebt werden, scheint ein Schutzmechanismus zu sein. Je weniger solche Inhalte vernetzt werden, desto geringer ist die Wahrscheinlichkeit, sich zu erinnern und dadurch zugleich auch die damit verbundenen negativen Emotionen wieder anzustoßen.

Gerade bei frisch Gelerntem erinnern wir uns oft noch an das Lernereignis. Wenn es eine positive Erinnerung ist, tun wir das gerne und reaktivieren jedes Mal auch Inhalte der Lernsituation, die dadurch im Gehirn immer fester verankert und besser vernetzt werden. Ist die Erinnerung aber mit negativen Emotionen verbunden, werden nach Möglichkeit Vergessensmechanismen angestoßen. Auf diese Weise profitiert Lernen von positiven Emotionen. Gute Gefühle beeinflussen die Gedächtnisbildung positiv, der Lernertrag hat bessere Chancen tatsächlich nachhaltig zu werden.

Lächeln erlaubt!

Die meisten Menschen tendieren dazu, in der Hektik des Alltagsgeschehens eher selten zu lächeln. Dabei tut uns Lächeln auch selbst gut. Es kann, wie experimental- und sozialpsychologische Studien zeigen, das eigene Wohlbefinden steigern und sogar zu einer Reduktion des Stresshormonlevels beitragen. Wir sollten uns, z. B. beim Händewaschen, hin und wieder selbst anlächeln und das eigene Lächeln im Spiegel wahrnehmen. Das tut gut! Aber auch in der Interaktion mit Kindern und Jugendlichen gibt es immer wieder Grund zum Lächeln, und dann sollten wir es von Herzen tun, statt es zu unterdrücken oder die schönen Momente im Alltagstrubel versinken zu lassen.

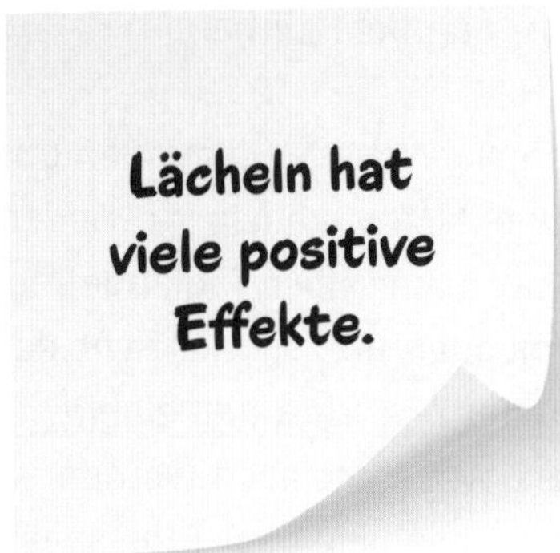

Positive Emotionen und eine gute Atmosphäre können auch im Unterricht auf vielfältige Weise unterstützt werden, z. B. durch die gewählten Materialien, durch Texte, die die Lernenden auch emotional ansprechen, durch Übungen wie der unten vorgestellte *Hi, Ha, Ho*-Impulskreis, die zum Wahrnehmen der anderen veranlassen und meistens auch zu gemeinsamem Lachen führen. „Lachen ist Teil des sozialen Verhaltens, über Lächeln und gemeinsames Lachen verstärken wir soziale Bindungen" (Sambanis & Walter 2022: 72) und zwar nicht nur im schulischen Umfeld. Man bezeichnet Lachen und Lächeln auch als *social glue*, es ist sozusagen der Kitt, der sozialen Zusammenhalt herstellt bzw. diesen stabilisiert. Allerdings funktioniert das nur, wenn das Lächeln auch ehrlich gemeint ist – künstlich aufgesetztes Lächeln irritiert vielmehr als dass es kittet.

Lächeln kommuniziert außerdem dem Umfeld, dass man sich selbst wohl fühlt und glücklich ist. Bemerkenswerterweise gibt es Belege aus der Forschung dafür, „dass [...] glückliche Menschen erfolgreicher sind" (Lermer 2019: 27). Spricht man von einer Verbindung von Glück und Erfolg, dann assoziieren die meisten Menschen damit spontan, dass Erfolg glücklich macht. Das kann durchaus zutreffen. Noch interessanter scheinen aber Hinweise aus der Glücksforschung, die zeigen, dass der Umkehrschluss, glückliche Menschen sind erfolgreicher, gilt und dass dies äußerst wünschenswerte Folgen haben kann, die Abbildung 21 aufschlüsselt.

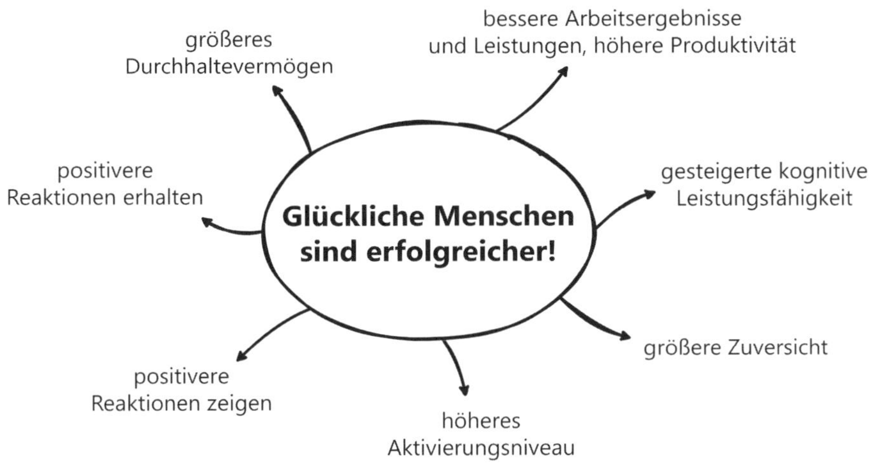

Abb. 21: Verbindung von Glück und Erfolg

Heiligenschein-Effekt

Wahrnehmungsfehler, der uns dazu verleitet, von einem markanten Wesensmerkmal auf andere Merkmale zu schließen.

Menschen, denen es gelingt, die kleinen Glücksmomente im Alltag nicht unbeachtet vorbeiziehen zu lassen oder als selbstverständlich abzutun, haben in der Regel eine positive Ausstrahlung. Dies kann den sogenannten *Halo*/Heiligenschein-Effekt begünstigen: Dieser aus der Sozialpsychologie bekannte Verzerrungseffekt, der sowohl im positiven als auch im negativen Bereich wirken kann, beschreibt Fälle, in denen von einer Eigenschaft einer Person auf weitere geschlossen wird. Erscheint uns jemand glücklich, halten wir die Person beispielsweise auch kognitiv für besonders leistungsfähig und produktiv. Wir übertragen also unsere positive Einschätzung auf weitere positive Attribute, ohne tatsächlich Kenntnis darüber zu haben, wie produktiv die Person in Wirklichkeit ist.

Durch Lächeln zeigen wir unserem Gegenüber, dass wir es schätzen, gemeinsam Zeit zu verbringen, zusammen zu spielen, zu lernen, zu arbeiten oder einfach miteinander zu sprechen. Über Lächeln lässt sich die Wertschätzung und das Glücksempfinden darüber, Zeit teilen zu dürfen, besonders gut kommunizieren. Mit der Übung *Gefühle zeigen, Gefühle deuten* wird im letzten Teil dieses Kapitels ein Vorgehen vorgestellt, mit dem man den Ausdruck von Emotionen spielerisch mit Sprachenlernen verbinden kann.

Für Lehrkräfte gilt, dass sie vor allem durch ihren Unterrichtsenthusiasmus begeistern können und dadurch ein förderliches Klima mit positiven Emotionen und freudvollen Lernerlebnissen schaffen können. Mit Unterrichtsenthusiasmus ist die Freude am Unterrichten gemeint. Der Begriff meint nicht dasselbe wie Fachenthusiasmus, d. h. die Begeisterung der Lehrkraft für das Schulfach, z. B. für die unterrichtete Fremdsprache, deren Kultur usw. Fachenthusiasmus kann mitreißen und nicht nur über Worte Relevanz kommunizieren, er hat aber weniger Einfluss auf den Lernertrag als der Unterrichtsenthusiasmus (Arndt & Sambanis 2017: 87). Selbstverständlich sollen Lehrkräfte Experten für ihr Fach sein, aber für alle Beteiligten – die Lernenden, Eltern und für die Zufriedenheit und Resilienz der Lehrkräfte selbst – ist es optimal, wenn sich die Lehrkraft im Besonderen für die Tätigkeit des Unterrichtens begeistert. Das vermittelt den Schülerinnen und Schülern, dass man, bei allen Herausforderungen des Schulalltags, die Unterrichtsstunden als wertvolle gemeinsame Zeit versteht und diese gerne miteinander sinnvoll und gut gestalten will.

Letztlich lässt sich das auch auf die Eltern-Kind-Ebene übertragen. Auch auf dieser Beziehungsebene ist eine spürbare Freude über die Zeit, die man gemeinsam verbringen kann, wertvoll, und diese Freude lässt sich besonders gut durch Lächeln kommunizieren. Geeignete Aktivitäten mit Anregungspotenzial sind Vorlesen und Erzählen – beides trägt maßgeblich zur Sprachentwicklung bei und fördert die Vorstellungskraft des Kindes –, „aber auch gemeinsame Aktivitäten wie Basteln oder Singen sowie Ausflüge" (Autor:innengruppe Bildungsberichterstattung 2022: 89) ermöglichen kindgerechte, freudvolle Bildung im familiären und sonstigen sozialen Umfeld. Ein von der Positiven Psychologie inspirierter Erziehungsstil zielt darauf, beim Kind eine positive Haltung zu sich selbst und anderen Menschen in ihrer Vielfalt zu entwickeln. Es geht darum, Herausforderungen, Gefühle und Bedürfnisse mit Offenheit und einer positiven Grundhaltung annehmen zu können. Positive Erziehung setzt auf Zuversicht, einen realistischen Optimismus, das Entdecken und Fördern von Stärken, das Wecken von Zufriedenheit und Empathie. Erziehung im Sinne der Positiven Psychologie betrachtet Kinder dabei nicht als Projekte, aus denen man das Maximum herausholt, vielmehr geht es darum, kleine Menschen zu starken, selbstwirksamen Persönlichkeiten heranwachsen zu lassen, sie dabei zu begleiten und zu unterstützen und es ihnen zu ermöglichen, mit Freude immer weiter dazuzulernen und ein sinnerfülltes Leben führen zu können.

Die Begeisterung am gemeinsamen Gestalten von Zeit und am Lernen – wenn man einmal entdeckt hat, wie gerne das Gehirn lernt und wie viel Freude und Belohnungserleben es bringen kann, will man nie damit aufhören! – hat, im positiven Sinne gesprochen, hohes Ansteckungspotenzial. Stimmungen, Gefühle und auch gewisse Haltungen haben die Tendenz, sich auf andere zu übertragen. Wie es zu dieser Ansteckung kommt und wie man sie im positiven Sinne in Bildungs- und Erziehungskontexte einbringen kann, wird im Folgenden erklärt.

Warum sind Emotionen ansteckend?

Gefühle können sich tatsächlich von einer Person auf andere übertragen, z. B. von Eltern auf ihre Kinder, von der Lehrkraft auf die Klasse. In der Sozialpsychologie wird dafür der Begriff *social contagion* verwendet. Meistens erfolgt die Gefühlsübertragung unbewusst. Begegnen wir beispielsweise jemandem, der uns von einem besonders schönen Erlebnis berichtet, dann kann das auch unsere Stimmung ein bisschen heben. Wir lassen uns anstecken – im günstigen Fall, wie in diesem Beispiel oder bei einer unterrichtsenthusiastischen Lehrkraft, mit positiven Emotionen. Der Ansteckungseffekt kann sich aber auch bei negativen Emotionen zeigen. Weiterhin ist nachgewiesen, dass die emotionale Ansteckung von der oder dem Angesteckten auch noch weiterverbreitet werden kann. In der Forschung spricht man von einem *ripple effect* (Welleneffekt).

Wie Abbildung 21 zur Verbindung von Glück und Erfolg weiter oben illustriert, hat das Empfinden von Glück positive Auswirkungen auf die Person selbst und, aufgrund von *emotional contagion*, auch auf andere Menschen. Die Forschung belegt nicht nur für Glück positive Korrelationen z. B. mit der Arbeits- und Lebenszufriedenheit oder der Produktivität, sondern auch für weitere positive Affekte (Lermer 2019: 25). Neben positiven Affekten gibt es auch negative (ebd.: 25f.), beides wird in Abbildung 22 veranschaulicht:

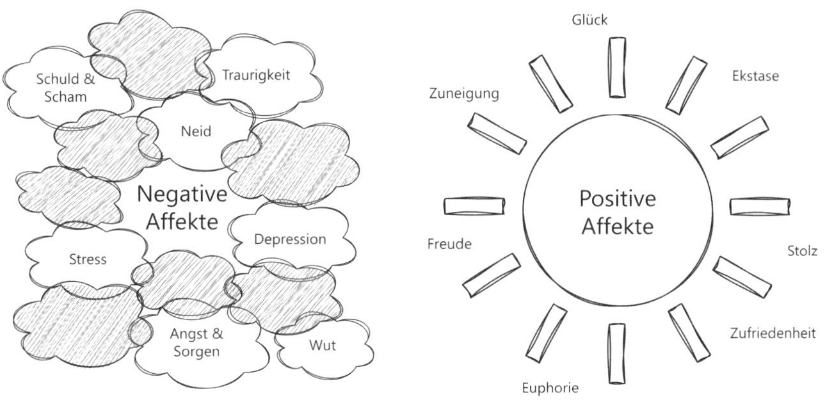

Abb. 22: Positive Affekte und negative Affekte (nach Lermer 2019)

Für den Ansteckungseffekt ist nicht oder nicht nur entscheidend, was gesagt wird, sondern auch wie es gesagt wird. Mimik, Gestik, Körperhaltung, stimmlicher Ausdruck und auch der Blickkontakt tragen zur emotionalen Ansteckung bei. Wir spiegeln, was wir wahrnehmen und gleichen uns stimmungsmäßig unserem Gegenüber an, übrigens oftmals auch im Hinblick auf die Körperhaltung oder den Gesichtsausdruck. Dieses Angleichen und Spiegeln in der sozialen Interaktion hat zwei Funktionen: Zum einen erlaubt es uns, eine gemeinsame Kommunikationsbasis zu finden. Wenn jemand gerade etwas Unerfreuliches erlebt hat, zeigen wir Empathie und überrollen das Gegenüber nicht mit überbordender Euphorie. Die Begegnung würde sonst wohl schnell enden, man hätte keine gemeinsame Gesprächsbasis, es käme möglicherweise sogar zum Verletzen von Gefühlen. Zum anderen können wir durch das Spiegeln von Mimik, Gestik etc. besser verstehen, was in unserem Gegenüber vorgeht. „Das motorische Nachvollziehen der Mimik, [...] Körperhaltung und Gestik hilft dabei, die Gefühlslage des Gegenübers zu verstehen, also Emotionen zu entschlüsseln und erhöht damit die Chancen" (Sambanis & Walter 2022: 13) angemessen zu reagieren und die Interaktion gemeinsam weiter gestalten zu können. Die Erforschung solcher Resonanzeffekte erlaubt es zudem, das Phänomen der Ansteckung zu erklären. Übrigens gibt es auch Hinweise auf Ansteckungseffekte durch Textbotschaften (ebd.: 40f.).

Positiv gestimmte Menschen bringen also positive Gefühle in Umlauf, und positive Emotionen „machen uns [...] „sozialer". Wir suchen mehr Kontakt [...], wirken zugänglicher und freundlicher auf andere Menschen" (Blickhan 2021: 80f.), was wiederum dazu führt, dass wir selbst und andere häufiger mit positiven Emotionen in Berührung kommen. Und das ist keineswegs unwichtig, denn die Häufigkeit des Erlebens positiver Gefühle hat sich als entscheidend erwiesen, entscheidender sogar als die Intensität des Gefühlserlebens. Positive Emotionen fühlen sich nicht nur gut an, sondern sie sind „die Nährstoffe psychischer Gesundheit" (ebd.: 82). Teilen wir also unsere positiven Emotionen, zumal sie, wie im Folgenden gezeigt wird, sogar ausgleichend wirken!

Der *undoing effect*

Positive Emotionen ermöglichen oder optimieren, wie oben erklärt, die Lernbereitschaft und die Nachhaltigkeit des Lernens und stehen in enger Verbindung zu Flow. Bemerkenswert ist außerdem, dass positive Emotionen Effekte von negativen Emotionen ausbalancieren oder sogar neutralisieren können. In der Psychologie ist dies als der *undoing effect* (Fredrickson et al. 2000) bekannt. Ausgehend von der Annahme, dass positive Emotionen dazu genutzt werden könnten, einen Ausgleich zu negativen Emotionen zu schaffen, wurden experimentelle Studien durchgeführt, in denen

undoing effect

Mit positiven Emotionen negative neutralisieren!

die Studienteilnehmerinnen und -teilnehmer unter Druck gesetzt wurden, um überprüfen zu können, ob sich körperliche Stressreaktionen durch positive Gefühle schnell wieder ausgleichen lassen. In herausfordernden Situationen mobilisiert unser Körper seine Ressourcen und macht sich bereit für die anstehende Aufgabe: Stresshormone werden ausgeschüttet, das Herz schlägt schneller, der Blutdruck steigt an. Diese natürliche Reaktion sorgt für besondere Wachheit, ist aber auf Dauer nicht gesund (Sambanis & Walter 2022: 43f.), da u. a. Herz und Kreislauf belastet werden.

Wie wurde in den Experimenten für Stress gesorgt? Die Versuchspersonen bekamen den Auftrag, eine Rede auszuarbeiten, in der sie überzeugend darstellen sollten, dass sie die beste Besetzung für eine Stelle seien oder die beste Freundin/der beste Freund, die/den man sich vorstellen kann. Für die Ausarbeitung der Rede wurde nur wenig Zeit zur Verfügung gestellt, darüber hinaus mussten sich die Teilnehmenden auch noch unter Zeitdruck mit ihren Argumenten vertraut machen, diese sozusagen auswendig lernen, denn die Rede, so wurde mitgeteilt, müsse anschließend ohne Notizen vor einer Jury bzw. Kamera gehalten werden (Blickhan 2021: 83). Selbst Personen, die es gewohnt sind, vor anderen zu sprechen, geraten so unter Stress, und tatsächlich wurden entsprechende körperliche Reaktionen, z. B. erhöhter Blutdruck, bei den Versuchspersonen festgestellt.

Im Anschluss wurden die Teilnehmenden informiert, dass sie ihre Rede gar nicht halten mussten, d. h. der Stressor wurde aufgelöst. Nun schloss sich der für die Forschenden interessanteste Teil des Experiments an: Wie schnell würden sich die Versuchspersonen nach dem Stresserlebnis erholen? Und können positive Emotionen den Stressabbau beschleunigen, ausbalancierend wirken?

Um das zu untersuchen, wurden die Versuchspersonen in vier Gruppen eingeteilt. Gruppe 1 und 2 bekamen nach Auflösung des Stressors eine lustige bzw. entspannende Filmsequenz zu sehen, Gruppe 3 einen traurigen Clip und Gruppe 4 eine neutrale Sequenz, in diesem Fall lediglich „einen Retro-Bildschirmschoner mit geometrischen Formen“ (ebd.). Die ersten beiden Gruppen (die positiv beeinflussten) erholten sich signifikant schneller vom erlebten Stress als Gruppe 4 (neutral), und bei Gruppe 3 (negativ beeinflusst) hielt die Stressreaktion weiter an.

Für die Gestaltung von Unterricht lässt sich folgern, dass sich das Ausgleichen eines besonders fordernden Unterrichtsereignisses durch ein angenehmes, ein entspannendes oder lustiges, z. B. einen Bewegungsimpuls wie *Hi, Ha, Ho* (vgl. in der Rubrik *Aktiv werden!* im letzten Teil dieses Kapitels), positiv, auswirken kann. Aber auch jenseits von Schule und Unterricht kann es das Wohlbefinden steigern und die Gesundheit stabilisieren, wenn wir lernen, uns nicht in stressigen Ereignissen festzubeißen, sondern ihnen lieber etwas Positives entgegenzusetzen,

d. h. wenn wir *undoing* als eine positive Strategie nutzen. Das gilt für Eltern und Lehrkräfte selbst ebenso wie für die Gestaltung von Interaktionen mit Kindern und Jugendlichen.

Mit etwas Positivem ist keineswegs das Überschütten mit Konsumgütern gemeint, sondern vielmehr das Besinnen auf freudige Momente sowie wertvolle Interaktion mit anderen Menschen. Eine Achtsamkeitsübung (vgl. Kap. 5) kann dabei helfen, die Gefühle zu akzeptieren und negative Emotionen vorbeiziehen zu lassen. Auch das Benennen der Gefühle kann, wie in Kapitel 3 gezeigt, deren Bändigung unterstützen. Ebenso können Lächeln, gemeinsames Lachen oder eine kleine Dankbarkeitsübung helfen, Stresssituationen schneller zu bewältigen. Ein Beispiel für eine Dankbarkeitsübung ist der *gratitude jar:* In einem leeren Marmeladen- oder sonstigen Schraubglas werden kurze Botschaften über freudige und dankenswerte Erlebnisse gesammelt. Durch das Anfertigen einer solchen Notiz lassen sich die positiven Affekte des Freudenmoments verstärken und als *happy moment*-Reserve für die Bewältigung von Stresssituationen nutzen. Das Sammeln von schönen Momenten und Erlebnissen kann zu einem kleinen Familienritual werden, das Schulkinder auch schon eigenständig durchführen können. Wenn man die Botschaften mit dem Datum versieht, macht es oft besonders viel Spaß, sich zu erinnern, was zum Zeitpunkt der Notiz gerade passiert ist. Im Fremdsprachenunterricht kann der *gratitude jar* als authentischer Schreibimpuls und positive Intervention zugleich dienen. Das Teilen einiger Dankbarkeitsbotschaften mit Mitschülerinnen und Mitschülern kann im positiven Sinne ansteckend wirken und ein gutes Klassenklima fördern, das auch für Flow-Erleben einen fruchtbaren Nährboden bilden kann.

Flow-Erleben – gemeinsam oder allein?

Auf den ersten Blick scheint das Erleben von Flow etwas sehr Individuelles zu sein, denn die Zone der optimalen Balance zwischen Anforderungen und Fähigkeiten (Abb. 20) hängt von ganz persönlichen Voraussetzungen ab. Dennoch zeigen Forschungsarbeiten, was auch sonst oftmals gilt: Flow-Erleben wird durch die Präsenz oder die Beteiligung anderer Menschen noch verstärkt – ganz ähnlich, wie sich Freude verstärken kann, wenn man sie mit anderen teilt.

Es lassen sich drei Flow-Konstellationen unterscheiden:

- Flow, den man allein erlebt, z. B. beim individuellen Lesen.
- Flow in Anwesenheit anderer Personen, z. B. der Auftritt auf einer Bühne; auch das Beobachten von anderen Menschen im Einkaufszentrum wurde von Teilnehmenden an Studien als ein Flow-Trigger mit sozialer Komponente bezeichnet (Walker 2010: 5).
- Flow, der in der Interaktion mit anderen Menschen, oftmals durch Zusammenarbeit, zustande kommt, z. B. gemeinsames Singen im Chor.

Allein erlebter Flow wird als freudvoll wahrgenommen, aber die beiden anderen Formen von Flow schneiden auf der Freude- und Euphorieskala noch besser ab. Die Emotionen haben eine größere Intensität. Die dritte der oben genannten Formen schnitt geringfügig besser ab als die zweite, wobei für die Verstärkung des Flow-Erlebens die soziale Komponente entscheidend ist, d. h. der größte Unterschied zeigt sich zwischen allein erlebtem Flow und solchem, an dem andere Menschen beteiligt sind. Auch beim Erinnern an Flow-Ereignisse erweisen sich solche, die in einen sozialen Kontext eingebettet sind, als noch eindrucksvoller verglichen mit Flow ohne die Möglichkeit zur sozialen Resonanz: „recalled social flow experiences were rated more enjoyable than solitary flow experiences" (Walker 2010: 3). Auch das lässt sich vor allem durch Ansteckungs- und Resonanzeffekte erklären. In verschiedenen Hirnregionen gibt es Neuronen mit Spiegeleigenschaften. Durch sie ist es uns z. B. möglich die Bewegung eines anderen Menschen nachzuvollziehen oder, wie weiter oben schon erklärt, Gesichtsausdrücke zu deuten. Diese Resonanzsysteme im Gehirn spielen auch beim Lernen durch Imitation eine Rolle, ihre Erforschung ist aber noch nicht abgeschlossen, auch nicht im Hinblick auf ihre sozialen und emotionalen Funktionen. Sie wirken offenbar an Empathie mit und können auch zu einer Verstärkung des Flow-Erlebens beitragen. Beim Singen im Chor beispielsweise kommt es oftmals zu einer Synchronisation der Beteiligten. Umgangssprachlich würde man sagen, sie sind auf einer Wellenlänge. Tatsächlich gleichen sich, wie neuere Studien mit portablen EEG-Geräten zeigen, die Hirnaktivierungsmuster der Beteiligten an (Sambanis & Walter 2022: 16ff.). Durch diese neuronale Koppelung wird ein Synchronisationseffekt erreicht, der das gemeinsame Flow-Erleben ermöglicht bzw. intensiviert.

Synchronisationseffekte können sich außer- und innerhalb des Unterrichts einstellen und für besonders intensives, freudvolles und nachhaltiges Lernen sorgen. Bei Angleichung der Hirnaktivität der Lernenden in der Klasse stimmt gerade die Chemie, es kann besonders produktiv und engagiert gearbeitet werden. Es kommt kaum zu Ablenkungen, die Lernenden fühlen sich eingebettet und zugehörig und berichten, wenn sie nach dem Unterricht befragt werden, dass sie die Stunde als positiv und produktiv erlebt haben (ebd.: 19f.). Das Unterrichtsklima kann durch Synchronisationserleben positiv beeinflusst werden, es gilt aber auch der Umkehrschluss: In einem positiven Unterrichtsklima ist es leichter für die Schülerinnen und Schüler, sich zu synchronisieren. Möchte man also die Chancen auf Synchronisation und gemeinsames Flow-Erleben erhöhen, sind positive Interventionen, z. B. kleine Aktivitäten, die in Kontakt bringen und zu einer entspannten, Freude und Neugier förderlichen Atmosphäre beitragen, eine gute kleine Zeitinvestition. Viele Übungen und Aktivitäten erlauben es zudem, Sprachlernziele mit emotionalen und sozialen Entwicklungszielen zu verbinden. In der Rubrik *Aktiv werden!* finden sich, gebündelt im letzten Teil des Kapitels, konkrete, anwendbare Vorschläge für den

(Fremd-) Sprachenunterricht sowie Übungen, die Eltern sowie andere Bezugspersonen mit den Kindern im privaten Umfeld ausprobieren können, denn natürlich ist eine gute Atmosphäre auch außerhalb der Schulklasse wertvoll.

Sprachenlernen, Begeisterung und Flow

Die Bereitschaft, in einer Fremd- oder Zweitsprache zu kommunizieren, hat nachweislich großen Einfluss auf den sprachlichen Lernerfolg (Chen et al. 2021: 2762). Dabei begünstigt Sprechbereitschaft positive Emotionen, Lernfreude, Selbstbewusstsein und weitere Faktoren, die zu gelingendem und freudvollem Lernen beitragen und dabei wiederum „die Persönlichkeitsentwicklung und das subjektive Wohlbefinden positiv beeinflussen" (Lermer 2019: 23). Viele Lehrkräfte und Eltern stellen aber fest, dass Kinder und ganz besonders Lernende im Teenageralter, eher zurückhaltend mit Kommunikationsversuchen in einer Sprache sind, in der sie sich noch nicht sicher fühlen (Böttger & Sambanis 2021: 38ff.). Wichtige Stellschrauben, um Sprechbereitschaft auch dann fördern zu können, sind u. a. reizvolle Lernangebote, gute Materialien, die von Bezugspersonen gezeigte Begeisterung. Auch das Erkennen des Nutzens der erarbeiteten Kenntnisse und Kompetenzen kann anspornen, ebenso Erfolgserlebnisse. Zentral ist dabei die Atmosphäre, in der die Sprache genutzt und gelernt wird, das Unterrichtsklima samt guter Balance zwischen Fehlertoleranz und -korrektur. Die Bedeutung von Aktivitäten, die zum Schaffen einer Lernatmosphäre beitragen, die Herausforderung und Sicherheit zugleich bietet, ist weiter oben schon in Zusammenhang mit dem Synchronisationseffekt hervorgehoben worden. Erprobte Praxisimpulse zum Fördern einer solchen Atmosphäre finden sich in diesem Band, weitere Aktivitäten für den Sprachunterricht sind als kurze Filmsequenzen auf der Website www.didactx.org kostenfrei abrufbar.

Ein besonders einflussreicher Motivationsfaktor beim Sprachenlernen ist die Begeisterung des Lernenden. Begeisterte Lernende verfehlen Sprachlernziele tatsächlich seltener, das Erreichen eines Flow-Zustandes ist bei ihnen wahrscheinlicher und das Erleben von Flow beim Sprachenlernen kann sich wiederum förderlich auf die Sprechbereitschaft auswirken (Chen et al. 2021: 2761). Auf eine einfache Formel gebracht lässt sich der Zusammenhang folgendermaßen darstellen:

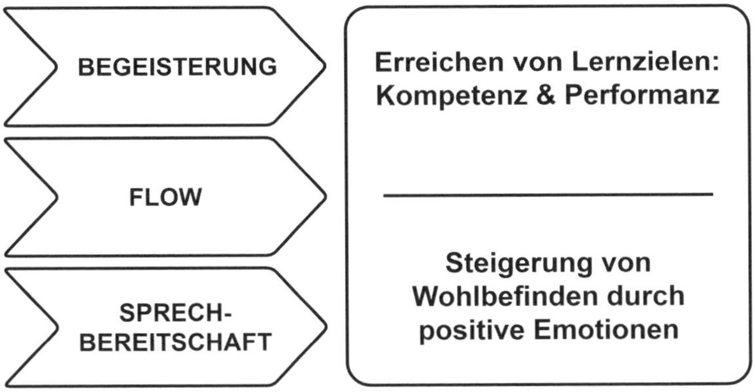

Abb. 23: Zusammenwirken von Begeisterung, Sprechbereitschaft, Flow und Sprachenlernen

Doch weder Begeisterung noch Flow lassen sich letztlich erzwingen. Lehrkräfte und Eltern können es Lernenden aber leichter oder schwerer machen, Begeisterung fürs Sprachenlernen zu entwickeln. Denn Begeisterung ist nicht unbedingt immer von Anfang an schon vorhanden, sie kann sich auch erst im Zuge des Lernprozesses einstellen und zwar besonders dann, wenn positive Lernerfahrungen gesammelt werden können. Entsprechend wird in der Forschung zwischen zwei Arten von Begeisterung (*passion*) unterschieden: einer, die sich aus der Freude des Lernenden selbst speist und einer anderen, die, zumindest ursprünglich, auf wahrgenommene Notwendigkeit (*pressure*) zurückgeht. Interessanterweise hat die Begeisterung für das Sprachenlernen in beiden Fällen positive Effekte auf die Zielerreichung und das Flow-Erleben, wobei die sich aus Freude speisende Begeisterung noch stärkere positive Effekte zeigt (ebd.: 2768) als die andere Art.

Sprachenlernen trägt zur Persönlichkeits- und zur Kreativitätsentwicklung bei.

Beim Sprachenlernen haben Flow-Erlebnisse eine vermittelnde Rolle zwischen Begeisterung und dem sprachlichen Kompetenzzuwachs, d. h. sie tragen dazu bei, dass die Begeisterung als Schubkraft für das Lernen wirken kann (ebd.: 2772). Dabei erhöht die Möglichkeit, Freude oder sogar Flow im Fremdsprachenunterricht erleben zu können, nicht nur die Chancen auf das Erreichen von Sprachlernzielen bzw. sogar höherer Kompetenzlevels (ebd.: 2762), sie soll auch zur Kreativitätsentwicklung beitragen. Kreativität als Schlüsselkompetenz mit hoher Zukunftsrelevanz ist ein wichtiges Bildungs- und Erziehungsziel (Sambanis 2023). Es gibt enge Verbindungen zwischen Sprache und Kreativität, zwischen sprachlicher Entwicklung und Kreativitätsentwicklung, was sich eindrucksvoll am Beispiel des

Geschichtenerzählens zeigen lässt. Versuchen wir, eine Geschichte zu verstehen, übertragen wir die sprachlichen Informationen in Vorstellungsbilder (ebd.). So werden beim Geschichtenerzählen Netzwerke und Zentren, die am Sprachverstehen beteiligt sind, in Verbindung mit Hirnzentren aktiviert, in denen Vorstellungsbilder geschaffen werden. Diese Verbindung ist für Kreativität besonders wichtig, und sie wird, wie andere Verbindungen im Gehirn auch, durch regen Gebrauch stabilisiert und so mit der Zeit immer effektiver. Das Anregungspotenzial von Geschichtenerzählen und -vorlesen ist, wie sich hier zeigt, keineswegs auf sprachliche Erträge beschränkt, wie z. B. einen sich verdichtenden und erweiternden Wortschatz oder Vertrautheit mit wichtigen grammatischen Strukturen, sondern geht noch darüber hinaus. Schon ab dem frühen Kindesalter können beim Vorlesen Erfahrungen mit narrativen Strukturen gesammelt werden, sodass ein Gespür dafür entwickelt werden kann, wie man etwas stimmig und sogar mitreißend berichten und erzählen kann. Kommunikationsstrategien werden geschult, wobei sich ein die Kinder am Erzählen oder Vorlesen beteiligendes Vorgehen (die Kinder sprechen vertraute Passagen mit, sie dürfen Fragen stellen oder mutmaßen, wie es weitergehen könnte) im Hinblick auf die Sprachentwicklung als förderlich erweist. Vorlesen und Erzählen oder auch das gemeinsame Erfinden von Geschichten sind Aktivitäten, die Lernen *en passant* verbunden mit positiven Emotionen und sozialer Nähe ermöglichen. Sie können zu Flow-Erlebnissen und zu Synchronisation führen, Verbundenheit, Geborgenheit und das Gefühl, sozial eingebettet zu sein, stärken und dazu beitragen, dass Sprache positiv erlebt wird, dass Begeisterung und Sprechbereitschaft unterstützt statt gehemmt werden. Die oben erwähnte Studie von Chen und Koll. (2021) veranlasst die Forschenden zu dem Schluss, dass positive Sprachlernerfahrung und die Begeisterung für das Erlernen einer Fremd- oder Zweitsprache (L2) sogar Transfereffekte auf andere Lebensbereiche haben kann und positiv zur Persönlichkeitsentwicklung (*self-growth*) beiträgt: „Passionate L2 learning can benefit people […]" (ebd.: 2773), Sprachenlernen kann guttun.

Happy Learning möglich machen

Äußere Faktoren können dazu beitragen, die Verbindung zwischen Sprachenlernen und positiven Emotionen herzustellen bzw. diese zu stabilisieren. Ein besonders wichtiger Ansatzpunkt bildet das Entdecken von Stärken. Jeder Mensch hat spezifische Stärken und sie „geben Energie und ermöglichen […] Leistung" (Blickhan 2021: 111). Lernende sind sich oft ihrer Schwächen bewusst, kennen aber ihre Stärken kaum oder nehmen sie nur diffus oder flüchtig wahr. Viele Menschen nutzen sie kaum als Basis für positive Lern- und Kompetenzerlebnisse und zur persönlichen Weiterentwicklung. Durch mangelnde Stärkenwahrnehmung, die nicht nur bei Kindern und Jugendlichen zu finden ist, bleiben Potenziale und Chancen für *flourishing* ungenutzt.

Die Tatsache, dass wir vielfach Schwächen, Probleme und mögliche Gefahren fokussieren, hat evolutionäre Gründe: Sie könnten unser Überleben gefährden (ebd.). Die Konzentration auf Schwächen und Möglichkeiten diese auszugleichen ist also gewissermaßen in unserem Grundprogramm verankert und lässt sich auch in vielen bildungspolitischen Entscheidungen erkennen. Beispielsweise führen Vergleichstests und Bildungsstudien fast immer zu dem Schluss, dass mehr Zeit und Mittel in zusätzliche Unterrichtsstunden und Förderangebote zum Ausgleichen von Defiziten investiert werden müsse. Es ist nicht falsch, Schwächen zu identifizieren und Maßnahmen zu ergreifen, um diesen begegnen zu können, ganz besonders dann nicht, wenn diese Maßnahmen geeignet sind und nicht nur die Quantität (z. B. mehr Stunden für Sprachförderung), sondern auch die Qualität (u. a. Qualifizierung der Fachkräfte, die didaktischen und methodischen Ansätze) im Blick haben, aber ebenso wichtig ist es, durch Stärkenorientierung in eine gesunde Balance zu kommen. Niemand kann es ertragen, ständig auf die eigenen Unzulänglichkeiten aufmerksam gemacht zu werden, ganz besonders dann nicht, wenn nicht mindestens ebenso deutlich die eigenen Stärken ins Bewusstsein gerückt werden. Ähnlich wie beim *undoing effect* kann das Fokussieren von Stärken emotional stabilisieren und die Bereitschaft erhöhen, sich nicht entmutigen zu lassen und Schwächen selbstbewusst in Angriff zu nehmen. Denn „Stärken ermöglichen [...] aktives Handeln, begleitet von einem Gefühl [...], das uns Energie gibt, Leistung ermöglicht (Selbstwirksamkeit und Flow) und unsere Entwicklung unterstützt (Lernen und Exploration)“ (ebd.).

Tatsächlich ist es für uns manchmal gar nicht so leicht, eigene Stärken zu entdecken. Hier spielt die Rückmeldung von außen, d. h. Feedback und Lob, eine wichtige Rolle. Nicht nur Lehrkräfte, sondern auch Eltern und sonstige Bezugspersonen können mit stärkenorientierten Rückmeldungen viel bewegen! Dabei gilt es den Unterschied zwischen Feedback und Lob zu bedenken und beides nicht zu vermischen, was jedoch häufig passiert.

Lob ist die Anerkennung, der verbale und vielfach auch non-verbale Ausdruck von Wertschätzung für eine Leistung oder ein Verhalten. Das Gegenteil von Lob ist Tadel. Feedback hingegen bezieht sich auf eine Aufgabe und den Bearbeitungsprozess. Streng genommen umfasst gutes Feedback nicht nur, wie das Wort besagt, eine Rückmeldung zu schon erfolgten Schritten, sondern man blickt auch nach vorne (*feedforward*). Es sollte stets sachlich und orientierend die drei Fragen beantworten: *Was ist das Ziel? Wie kommen wir voran? Welcher ist der nächste Schritt?* (Hattie 2012: 120).

Im Folgenden werden zwei Ansatzpunkte dargelegt, die *Happy Learning* ermöglichen können, nämlich das Erkennen von Stärken sowie die Würdigung von Anstrengungen. Beide Ansätze sind im Unterricht wie auch zu Hause anwendbar:

Stärken erkennen

Wie?

Schülerinnen und Schüler können etwa im Anschluss an die Bearbeitung einer Schul- oder Hausaufgabe durch Impulsfragen, wie die beiden Folgenden, zur Reflexion eigener Stärken und zur Wahrnehmung positiver Emotionen ermuntert werden:

Was hast du gut gekonnt?

Die Frage zielt auf Stärkenwahrnehmung, Antworten könnten z. B. sein: *Ich habe fast alle Wörter im Text verstanden. Ich habe mich erinnert, dass im Englischen an die 3. Person ein -s muss. Ich habe die Arbeitsanweisung ohne fremde Hilfe verstanden.*

Wie könntest du diese Stärke(n) nutzen, um anderen zu helfen?

Diese Frage zielt auf positive Emotionen durch Helfen. Lernende fühlen sich kompetenter und oft auch glücklicher, wenn sie anderen helfen können (natürlich sollen sie nicht als Hilfspersonal durch die Klasse geschickt werden oder zu Hause ständig jüngere Geschwister unterstützen!). Vernünftig dosiert gilt: Helfen macht glücklich. „Dieses Phänomen wird in der Wissenschaft auch „helper's high" [...] genannt (Lermer 2019: 44). Glücksempfinden durch Helfen ist keineswegs auf Lernkontexte beschränkt, sondern kann sich in verschiedenen Lebensbereichen einstellen. Auch Helfen kann übrigens eine *dark side* entwickeln, nämlich in Fällen, in denen Helfen zu einem inneren Zwang wird (Helfersyndrom), was die positiven Effekte ins Negative verkehrt.

Unabhängig von einer Schul- oder Hausaufgabe können Lernende auch dazu angeregt werden, einmal allgemein auf Stärkensuche zu gehen. Jeder Lernende schreibt auf einen Zettel die Stärken und Kompetenzen auf, die sie/er denkt, zu besitzen, z. B. Expertenwissen zu einem Thema, verschiedene Strategien zum Vokabellernen. Die Zettel können von der Lehrkraft, den Eltern oder von Klassenkameraden ergänzt werden. Wenn andere eine Stärke hinzufügen, macht das glücklich und trägt dazu bei, sich als wertvoll und kompetent erleben zu können. Im Fremdsprachenunterricht ist es auch möglich, die noch nicht ergänzten Versionen der Stärkeprofile zu nutzen, um in der Fremdsprache ein kleines Ratespiel zu veranstalten (Hörverstehensübung und Sprechimpuls). Die Lehrkraft zieht einen Zettel und nutzt die Angaben darauf, um der Klasse Hinweise zu geben, z. B. *The person can read quite fluently in English and likes helping others. Who is it?*

Anstrengungen würdigen

Wie?

In Zusammenhang mit Flow wurde bereits auf die Bedeutung von unmittelbaren Rückmeldungen hingewiesen und in Kapitel 3 die Frage gestellt, wie wir richtig loben können. Ein von der Positiven Psychologie inspirierter (Fremd-) Sprachenunterricht zeichnet sich dadurch aus, dass nicht ausschließlich das Ergebnis zählt, sondern auch, in manchen Fällen sogar vorrangig, der Prozess. Positives, besonders das gezeigte Engagement und die Anstrengungsbereitschaft, sollten gewürdigt werden. Zeigt jemand Anstrengungsbereitschaft und investiert Zeit und Energie in die Erfüllung einer Aufgabe, darf gerne auch gelobt werden! Wird Anstrengung mit einem Lob positiv bewertet, kann daraus neue Anstrengungsbereitschaft wachsen. Natürlich sind bei Bedarf auch Schwächen angemessen zu benennen, manchmal gilt hier allerdings: Weniger ist mehr! Bei negativen Rückmeldungen ist es oft besser, sich auf einige Aspekte zu beschränken, die auch in Zukunft ins Gewicht fallen könnten, als auf Lückenlosigkeit zu setzen.

Ein wertschätzender Stundenrückblick kann in der Schule eingesetzt werden, ein positiver Wochenrückblick am Ende einer Unterrichtswoche oder zu Hause zusammen mit den Eltern, Großeltern oder anderen Bezugspersonen. Die Leitfragen können sein:

- *Was ist richtig gut gelaufen?*
- *Wie habe ich dazu beigetragen/es geschafft, dass es so gut gelaufen ist?*

Der Rückblick verstärkt positive Emotionen, er kann mit anderen geteilt werden und dadurch die Freude noch erhöhen, und er zeigt, dass sich Anstrengungen lohnen und gut anfühlen können. So macht Lernen dann tatsächlich Spaß!

Weitere Faktoren und Möglichkeiten, *Happy Learning* zu ermöglichen, wie die Bedeutung des Förderns von Kommunikationsbereitschaft und Sprechfreude, wurden bereits angesprochen. Auch Aktivitäten, die das Zugehörigkeitsgefühl und die soziale Resonanz stärken, können zu *Happy Learning* beitragen. Außerdem wurde gezeigt, dass Emotionen ansteckend sein können, und wie wichtig es ist, Stärken zu erkennen und zu benennen. Schließlich haben wir gesehen, dass ein Flow-Zustand emotional, kognitiv, mitunter auch sozial als besonders intensiver Lernverstärker wirken kann. Im Folgenden finden sich nun konkrete Übungen für zu Hause und Aktivitäten für den Unterricht.

Aktiv werden! Übungen für den Unterricht und für zu Hause

Hi, Ha, Ho

Viele Aktivitäten aus dem Improvisationstheater lassen sich im Fremdsprachenunterricht und für Sprachförderangebote nutzen, z. B. das Weitergeben von Impulsen im Kreis. Besonders aktivierend sind sogenannte Impulskreise, wenn der Impuls nicht nur aus Sprache besteht, sondern auch aus kleinen Bewegungen, wie bei *Hi, Ha, Ho*.

Ziele und Vorgehen

Mit *Hi, Ha, Ho* können sich die Lernenden positiv einstimmen und ihr Zugehörigkeitsgefühl stärken. Ziel ist es ferner, Blickkontakt anzuregen, gute Voraussetzungen für Synchronisation zu schaffen und alle zu aktivieren. Der Schwierigkeitsgrad wird dabei gesteigert, indem ab Level 2 ein feststehender Ausdruck in der Fremdsprache spielerisch wiederholt wird. Auch tragen dann alle Teilnehmenden zumindest einzelne Wörter sprechend bei (Förderung der Sprechbereitschaft). Die Lernenden stehen, zusammen mit der Lehrkraft, im Kreis. Die „Spielregeln" werden erklärt – am besten macht die Lehrkraft es vor und übernimmt dafür rasch alle drei Rollen hintereinander:

Level 1:

- Die Lehrkraft (Person 1/P1) gibt den ersten Impuls weiter, entweder nach links oder rechts. Sie sagt: *Hi*, stellt Blickkontakt mit P2 her (gerne begleitet von einem Lächeln!), und macht eine einladende Geste in Richtung von P2 (siehe Abb. 24, obere Zeile).
- P2 antwortet mit *Ha*, wobei von P2 beide Hände gehoben werden (siehe Abb. 24, mittlere Zeile) als Zeichen der Freude oder Überraschung darüber, angesprochen zu werden.
- P3 beendet die kleine Konversation durch *Ho*, eine Silbe, die P3 zusammen mit P1 gleichzeitig spricht und zwar mit großem Enthusiasmus und einer bestätigenden Handbewegung Richtung P2 (siehe Abb. 24, untere Zeile) – ganz so, als wolle man sagen: Bemerkenswert, wirklich großartig!
- P2 gibt das nächste *Hi* in die eingeschlagene Richtung weiter. Es schließen sich *Ha* und *Ho*, wie oben beschrieben, an.

Die sprachliche Anforderung ist bei Level 1 bewusst auf einzelne Silben beschränkt. Die Lernenden sollen im Kreis ankommen und sich wohl fühlen. Alle sollen einen Moment der freundlichen Aufmerksamkeit genießen können.

Abb. 24: Impulskreis *Hi, Ha, Ho*

Level 2:
Hi, Ha, Ho wird ersetzt durch einen feststehenden Ausdruck, der sich in drei Teile gliedern lässt und eine positive Botschaft transportiert. Im Englischen könnte dies der Satz *Good to see you!* sein, segmentiert in *Good – to – see you!*

Der Satz wird nach demselben Schema durch die Runde geschickt, wie vorher *Hi, Ha, Ho* und dabei viele Male wiederholt, ohne, dass dies als lästige Übungsschleife empfunden würde. Der Impulskreis bleibt besonders dann interessant, wenn mit stimmlichem

Ausdruck gearbeitet wird, wenn die Gesten leicht modifiziert werden und so die Lernenden ihre eigenen Interpretationen und Ausdrucksmöglichkeiten einbringen, ohne dabei jedoch den Grundablauf zu verändern.

Level 3:
Level 3 behält das Sprachmaterial von Level 2 bei und steigert die Anforderung auf motorischer Ebene sowie im Hinblick auf Koordination und flexibles Reagieren.

Auf Level 3 darf P2 den Impuls, wie schon bisher auf Level 1 oder 2, annehmen, indem P2 die Hände hebt und *to* dazu sagt. Alternativ darf P2 (und zwar nur P2, sonst entsteht Chaos) den Impuls auch an eine beliebige andere Person im Kreis, z. B. gegenüber, weiterreichen. In diesem Fall schickt P2 den Impuls weiter, indem P2 *to* sagt, dabei aber nicht die Hände nach oben nimmt, sondern, wie bei einer Schwimmbewegung, den Impuls an die gewünschte Person abgibt. Die Zielperson übernimmt sofort die Rolle von P2, nimmt die Hände hoch, die beiden Nebenstehenden der neuen P2 (P1 und P3) schließen die Sequenz durch *see you* und die entsprechende Geste. Der Impuls wird von dort aus weitergegeben, d. h. die neue P2 stößt mit *Good* in Richtung von P3 den nächsten Impuls an.

Gefühle zeigen, Gefühle deuten

Die Übung stellt den mimischen Ausdruck von Gefühlen ins Zentrum und trägt dazu bei, Emotionen zuzulassen bzw. besser deuten zu können. Das Deuten von Emotionen fällt vielen Jugendlichen aufgrund von Umbauprozessen im Gehirn schwer (Böttger & Sambanis 2021: 83ff.). Für das Sprachverständnis und die Teilnahme an kommunikativen Interaktionen ist aber das Verstehen nichtsprachlicher Ausdrücke wichtig.

Ziele und Vorgehen

Übungen wie *Gefühle zeigen, Gefühle deuten* sollen die Entwicklung hin zu guter Deutungsfähigkeit und hin zu Akzeptanz von Gefühlen unterstützen. Zugleich sorgt die Übung, im Fremdsprachenunterricht eingesetzt, methodisch für Abwechslung und erlaubt es, Sprachlernziele zu verfolgen. Es entsteht eine Atmosphäre wie bei einem Ratespiel, sowohl die Klasse als auch einzelne Lernende werden zum Sprechen angeregt. Soll z. B. das Frage-Antwort-Schema *Do you like …? – Yes, I do./No, I don't.* geübt werden, können die Lernenden aufgefordert werden, die Frage zuerst mit Mimik, Körperhaltung und gegebenenfalls Gestik zu beantworten und erst danach auch sprachlich:

- Einer/einem Lernenden wird eine Frage gestellt, z. B. *Do you like kittens?*
- Die/der Lernende macht z. B. ein verzücktes Gesicht, das sagt: Katzenbabys sind so süß!
- Die Klasse schließt aus dieser nichtsprachlichen Reaktion, wie die Antwort lautet.
- Die/der befragte Lernende bestätigt oder berichtigt durch *Yes, I do./No, I don't.*

Die Fragen müssen nicht ausnahmslos von der Lehrkraft formuliert werden, vielmehr sollten die Schülerinnen und Schüler auch am Sammeln von Fragen mit *Do you like ...?* mitwirken.

Mit anderen Fragen kann die Aktivität zu einer Scharade ausgebaut werden, z. B. *How was your weekend?/How was your day? – Tell us about it.* Die Frage wird pantomimisch beantwortet, während die Klasse rät, was gerade dargestellt wird. Bei Scharade gehen die Ausdrucksmöglichkeiten über die bloße Mimik hinaus, dadurch können andere und vielfältigere Sprachlernziele erreicht werden als mit der Übung *Gefühle zeigen, Gefühle deuten*.

Im Unterricht oder in der Sprachförderung kann Scharade in der jeweiligen Zielsprache gespielt werden, es ist aber auch ein Klassiker unter den Familienspielen und Geburtstagsspielen.

Ablenkende Gedanken erkennen

Zu Beginn dieses Kapitels haben wir uns die Merkmale von Flow-Situationen angeschaut, nämlich zunächst Konzentration: Diese ermöglicht dann Absorption und daraus erwächst die Freude oder Euphorie, durch die Flow emotional besonders intensiv erlebt und auch rückblickend gerne in Erinnerung gerufen wird.

Richten wir unsere Aufmerksamkeit auf eine bestimmte Aufgabe, dann „veranlasst [das] die Neuronen, die das Ereignis registrieren, häufiger zu feuern" (Carter 2014: 158), d. h. die Nervenzellen im Gehirn, die an der Bearbeitung der Aufgabe mitwirken, sind besonders aktiv und kommunizieren reger miteinander als in Situationen, in denen wir unsere Aufmerksamkeit nicht fokussieren. Emotionen erhöhen die Aufmerksamkeit. „Ein emotionales

Erlebnis bleibt [außerdem] durch Abspielen in einer Schleife ‚lebendig‘: So beginnt daraus eine Erinnerung zu werden“ (ebd.). Wichtig ist jedoch, dass es gelingt, sich nicht ablenken zu lassen, andernfalls wird sich die Konzentration oder sogar der Flow gar nicht erst einstellen können. Dabei gilt: Nicht alle Ablenkungen kommen von außen. Es sind oft die eigenen Gedanken, die ablenkend wirken.

Ziele und Vorgehen

Die Übung soll dabei helfen, zu erkennen, dass im eigenen Kopf nie Funkstille herrscht. Das Gehirn ist immer aktiv. Tatsächlich ist es sehr wichtig und sogar gesund, die Gedanken zwischendurch fließen zu lassen, z. B. beim Aufräumen des Zimmers oder, besonders gut, bei einem Spaziergang ohne Ablenkungen, d. h. auch ohne Beschallung über Kopfhörer. Zeitfenster, in denen die eigenen Gedanken frei fließen dürfen, ermöglichen es dem Gehirn, Inhalte und Erlebnisse nachzubereiten, diese zu vernetzen, Unwichtiges zu identifizieren und zu löschen. Beim Nichtstun ist das sogenannte Ruhenetzwerk im Gehirn aktiv. Wie wichtig es für die körperliche und geistige Gesundheit ist, das Gedankenwandern-lassen nicht durch ständige Reizaufnahme zu unterdrücken, wird aktuell noch weiter erforscht.

Das Erkennen des ständigen Flusses der Gedanken ist faszinierend. Zugleich wissen wir aber alle aus eigener Erfahrung, dass dieser Fluss in Momenten, in denen Konzentration gefragt ist, ablenkend ist. Wir müssen daher auch lernen, unsere Gedanken zu fokussieren. Die folgende Übung zielt auf das Wahrnehmen des Gedankenwanderns und stellt eine Strategie vor, mit der es gelingen kann, sich von dem Fluss nicht mitreißen zu lassen. Die Übung orientiert sich an einer Achtsamkeitsübung (Jensen 2014: 54f.) und kann zu Hause, etwa vor den Hausaufgaben, durchgeführt werden. Besonders schön ist es, wenn Eltern oder eine sonstige Bezugsperson die Übung mit dem Kind zusammen ausprobiert. Später kann das Kind sie auch eigenständig durchführen. Die Teilnehmenden werden durch folgende Anweisungen Schritt für Schritt durch die Übung geführt:

- *Nimm eine bequeme Sitzhaltung ein. Wenn du möchtest, schließe deine Augen.*
- *Achte auf deine Gedanken. Beobachte sie. Du merkst, wie sie erscheinen und wieder verschwinden.*
- *Beobachte, welche Inhalte deine Gedanken haben und lass sie ziehen.*

- *Wenn du merkst, dass ein Gedanke sich festsetzen will, lass ihn los und beobachte wieder, wie auch andere Gedanken erscheinen und weiterziehen.*
- *Zwischen deinen Gedanken gibt es Pausen. Versuche jetzt, die Pausen zwischen deinen Gedanken zu finden. Achte ganz auf die Pausen, lass die Gedanken dazwischen einfach ziehen.*
- *Strecke dich, öffne die Augen, wenn du sie geschlossen hattest und beginne nun mit deiner Arbeit. Wenn du beim Arbeiten merkst, dass ein Gedanke dich ablenken möchte, dann lasse ihn ziehen wie in der Übung.*

Schau mal an!

Blickkontakt ist sehr wichtig in der Begegnung zwischen Menschen. Er erlaubt es Verbundenheit herzustellen und ermöglicht Synchronisation. „Bereits im Kleinkindalter ist das Herstellen von Blickkontakt enorm wichtig, kommuniziert Zuwendung und Aufmerksamkeit und vermittelt die Sicherheit, nicht allein gelassen zu werden. [...] außerdem ist der Blickkontakt bei der Erteilung von Lob und positiver Rückmeldung eine Geste der Zuwendung und ungeteilten Aufmerksamkeit“ (Sambanis & Walter 2022: 28). Blickkontakt ist aber auch wichtig, um Aufmerksamkeit zu lenken und Relevanz zu kommunizieren, z. B. wenn etwas erklärt wird.

Ziele und Vorgehen

Das Herstellen von Blickkontakt fällt Kindern und Jugendlichen nicht immer leicht. Als eine besondere Herausforderung wird der Blickkontakt oft beim Halten von Referaten empfunden. Sicher haben wir alle Erfahrungen mit Referaten oder Vorträgen, bei denen es Präsentierenden, auch im Erwachsenenalter, nicht gelingt, durch Blicke Kontakt zu den Hörern herzustellen.

Stattdessen scheinen manche Rednerinnen und Redner geradezu in ihren Notizen zu versinken während sie vor sich hinsprechen. Es fällt dann tatsächlich schwer, als Zuhörende bei der Sache zu bleiben, die Leistung des Vortragenden zu erkennen und den Inhalt angemessen wertschätzen und verarbeiten zu können. Wir fühlen uns nicht beteiligt, nicht persönlich angesprochen oder empfinden die Situation sogar als beklemmend. Schon ab der Grundschule sollen Präsentationskompetenzen aufgebaut werden. Ein dabei oftmals eher vernachlässigter Aspekt ist eben jener des Blickkontakts.

Die Übung *Schau mal an!* ermutigt spielerisch zum Blickkontakt mit anderen beim Sprechen. Sie gibt den Schülerinnen und Schülern die Möglichkeit, Erfahrungen im Rahmen einer Mini-Vortragssituation zu sammeln und kann so dazu beitragen, positive Erlebnisse zu machen und sich bewusst zu werden, wie bedeutsam Blickkontakt sein kann. In sprachlicher Hinsicht werden Lesen und Hörverstehen geübt.

Ein kurzer Text wird ausgewählt, im Fremdsprachenunterricht kann es ein zum aktuellen Thema passender Text in der Zielsprache sein, zu Hause kann ein Zeitungsartikel, ein Kochrezept oder Ähnliches verwendet werden. Der Text wird in zwei Teile geteilt.

- Person 1 (P1) erhält Teil 1, P2 erhält Teil 2 des Textes als Ausdruck.
- P1 und P2 dürfen sich kurz mit dem eigenen Textteil vertraut machen.
- P1 liest P2 ihren Textteil vor und zwar zweimal hintereinander: Das erste Mal, ohne P2 anzuschauen, beim zweiten Vorlesen wird zwischendurch Blickkontakt mit P2 hergestellt.
- Nun liest P2 ihren Textteil vor, ebenfalls, wie oben beschrieben, zuerst ohne Blickkontakt, dann mit Blickkontakt zu P1.
- P1 und P2 vergleichen die unterschiedliche Wirkung: *Wie habe ich als Hörerin oder Hörer das Vorlesen ohne Blickkontakt erlebt? Wie war es mit Blickkontakt? Wie habe ich die beiden Durchgänge als Vorleserin oder Vorleser erlebt?*

In der Klasse kann sich ein Erfahrungsaustausch im Plenum anschließen (Sprechimpuls), bei dem die wahrgenommenen Effekte des Blickkontaktes zusammengetragen werden. Außerdem kann die Frage diskutiert werden, warum und in welchen Situationen Blickkontakt wichtig ist. Je nach Kompetenzlevel der Lernenden wird die Diskussion in der Fremdsprache geführt oder in Teilen auf Deutsch. Die Lehrkraft kann daraus Kernbotschaften extrahieren und diese in der Fremdsprache zusammenfassend aufgreifen (Hörverstehen).

5. Achtsamkeit

Seid achtsam! Gib Acht! Obacht! Wir alle kennen diese und ähnliche Ausdrücke. Gerade jungen Menschen wird immer wieder eingetrichtert, in ganz unterschiedlichen Situationen vorsichtig zu sein: Doch Achtsamkeit heißt auch, achtsam mit uns selbst zu sein. Das bedeutet, auf unseren Körper zu achten sowie unseren Gefühlen und Emotionen Aufmerksamkeit zu schenken. Achtsamkeit bedeutet dabei keineswegs, dass wir immer gut drauf sind, sondern, auch in schlechten Momenten für positive Erfahrungen und Dinge offen zu sein. Warum die Konzentration auf den Moment gerade in unserer schnelllebigen Zeit so wichtig ist und wie sich unser mentales Wohlbefinden (*mental well-being*) auf das Sprachenlernen auswirkt, zeigt dieses Kapitel.

Unachtsamkeit war gestern – *Mindfulness is now!*

Der Mensch ist in der Lage, sein Bewusstsein aktiv zu steuern und die Aufmerksamkeit in eine bestimmte Richtung zu lenken. Doch mit steigender Informationsflut und immer komplexer werdenden Anforderungen wird es zunehmend wichtiger, Aufmerksamkeit und Bewusstsein aktiv zu trainieren. Auch wenn Achtsamkeit in verschiedenen Disziplinen unterschiedlich verstanden wird, ist den meisten Modellen gemein, dass sie Achtsamkeit als ein Distanzieren von den eigenen Handlungen verstehen, das mit einem bewussten Beobachten und einer gesteigerten Aufmerksamkeit einhergeht (Zeilhofer 2021: 2).

Nach dem Molekularbiologen Kabat-Zinn, dem Gründer der bekannten amerikanischen *Stress Reduction Clinic*, ist Achtsamkeit eine „Erfahrung der *inneren Mitte*" (2011: 223). Wir sind unvoreingenommen und beobachten, ohne dabei zu bewerten (Kabat-Zinn 2005).

In der Hektik des Alltags verpassen wir aber oft, uns auf den Moment selbst zu konzentrieren. Beispielsweise sind viele von uns schon einmal mit der Bahn gefahren und haben dabei ganz unterschiedliche Dinge gleichzeitig gemacht (mit einem Freund telefoniert, WhatsApp-Nachrichten beantwortet, eine Brezel gegessen und nebenbei eine Datei auf dem Laptop gesucht). Die Geräusche des Zuges, die vorbeiziehende Landschaft oder die Menschen, die ein- und aussteigen, haben wir vielleicht, wenn überhaupt, nur nebenbei wahrgenommen – wir waren einfach abgelenkt. So warten auch im Unterricht zahlreiche Ablenkungen: die Sitznachbarin flüstert

Phubbing

Unangemessener Gebrauch des Smartphones

vor sich hin, man hört Stimmen vom Schulhof oder schaut ständig auf die Uhr, weil man auf das Pausenklingeln wartet. Gerade heutigen Kindern und Jugendlichen fällt es schwer, sich auf den Moment zu konzentrieren, denn sie scheinen zunehmend mit ihren Smartphones und Smartwatches zu verwachsen. Das Smartphone bleibt, wenn nicht direkt in der Hand, zumindest in Reichweite. Der Drang danach zu greifen ist im Unterricht zunehmend zu beobachten. Auch in sozialen Situationen schauen sie oft auf ihre Telefone und wirken abwesend. Ein Phänomen, das als Phubbing bekannt ist. Gerade die zunehmend exzessive Nutzung digitaler Medien scheint sich negativ auf unsere exekutiven Funktionen auszuwirken, als diejenigen Funktionen, die für unser zielgerichtetes Verhalten wichtig sind und auch bei der Emotionsregulierung eine Rolle spielen. Überdies steigern Reizüberflutungen unser chronisches Stresserleben. Unser Geist droht, seine natürliche Fähigkeit des Abschaltens zu verlieren.

Das bewusste Erleben und Wahrnehmen des Moments, ohne dabei auf Reize von außen zu reagieren, ist ein zentrales Konzept der Positiven Psychologie. Wir richten unsere Aufmerksamkeit und unsere Gedanken auf den Moment, wir sind sogar neugierig auf ihn. Wir stoppen den inneren Autopiloten und fokussieren uns ganz auf uns selbst. Dabei hat Achtsamkeit, wie Abbildung 25 zeigt, zahlreiche positive Effekte wie Entspannung, Dankbarkeit und mehr psychische Stabilität, aber vor allem führt sie zu mehr Glück (Shapiro 2020).

Abb. 25: Positive Effekte von Achtsamkeit

Die frühe Forschung zur Achtsamkeit hat sich vor allem darauf konzentriert, das individuelle Wohlbefinden (*well-being*) durch die Reduzierung von Stress, Depressionen und Angstzuständen zu steigern. Inzwischen hat sich der Blick erweitert und eine proaktive Stärkung sowie ein kontinuierliches Training von Achtsamkeit rücken immer mehr in den Fokus.

Achtsamkeit setzt sich aus drei zentralen Elementen zusammen, die nicht getrennt voneinander existieren, sondern ineinandergreifen (Abb. 26).

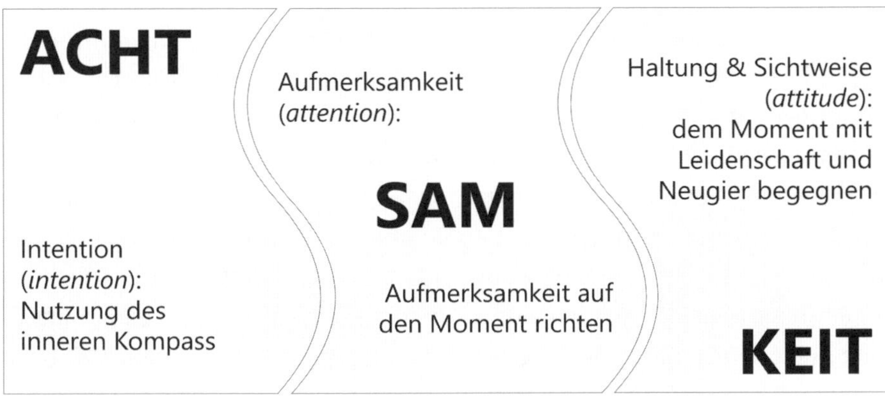

Abb. 26: Die drei Komponenten der Achtsamkeit (in Anlehnung an Shapiro et al. 2006)

Kabat-Zinn (2015: 1481) definiert Achtsamkeit als eine besondere Art der Aufmerksamkeit, die auf den gegenwärtigen Moment bezogen ist und ohne Wertung auskommt: „Mindfulness can be thought of as moment to moment, non-judgmental awareness, cultivated by paying attention in a specific way, that is, in the present moment, and as non-reactively, as non-judgmentally, and as open-heartedly as possible". Aufmerksamkeit ist also eine zentrale Komponente der Achtsamkeit. Aufmerksamkeit ist außerdem ein wichtiges Element zwischenmenschlicher Beziehungen. Wir verschenken gerne kleine Aufmerksamkeiten und es ist eine positive Eigenschaft, jemandem gegenüber aufmerksam zu sein. Unterschieden wird zwischen allgemeiner und selektiver Aufmerksamkeit. Bei der allgemeinen Aufmerksamkeit wird das Gehirn aktiviert, es ist im wahrsten Sinne des Wortes wach und reaktionsbereit, während selektive Aufmerksamkeit bedeutet, dass mentalen Ressourcen auf bestimmte Reize gelenkt werden (José 2016: 71). Sind Lernende vom Thema der Stunde begeistert, sind sie aufmerksamer. Sie erleben mitunter sogar Flow (vgl. hierzu Kap. 4).

Mindful attention

Offenheit gegenüber unserer Umgebung, unseren Empfindungen und Gedanken

Dabei läuft Aufmerksamkeit zu Hause und im Schulalltag ständig Gefahr, unterbrochen zu werden. Eine nicht ausgewogene Ernährung, zu wenig Schlaf, Hektik und Reizüberflutung sind nur einige wenige der zahlreichen Risikofaktoren für die Aufmerksamkeit. Ebenfalls ist die Pubertät selbst eine Art Risikofaktor, denn das Gehirn wird auch in den Bereichen Konzentration und Aufmerksamkeit umgebaut.

Aufmerksamkeit kann sowohl nach innen als auch nach außen gerichtet sein. Man steht in Kontakt mit seiner Umgebung und ist Impulsen von außen gegenüber offen. Bereits ganz einfache Übungen wie bewusstes Sitzen, Stehen oder Gehen können zu einer Steigerung nach innen gerichteter Aufmerksamkeit beitragen. Wenn eine Lehrkraft die Aktivität im Unterricht einsetzen möchte, bittet sie die Lernenden, durch den Klassenraum zu gehen und auf Kommando die Art des Gehens oder das Tempo zu verändern. So konzentrieren sich die Schülerinnen und Schüler auf sich selbst und ihren Körper. Mal gehen sie langsam und ungelenk, mal schnell und schlenkernd. Nun folgt das Kommando stehen zu bleiben. Die Lernenden schließen die Augen und achten auf die verschiedenen Impulse von außen, z. B. Luftbewegungen, das Singen der Vögel beim geöffneten Fenster, das Ausatmen anderer Lernender. Nach einer Minute drehen sich die Schülerinnen und Schüler um 180 Grad und konzentrieren sich erneut auf Reize von außen. Was ist anders? Nun öffnen sie die Augen und nehmen auch visuelle Eindrücke bewusst wahr. Die Übung lässt sich natürlich auch zu Hause, z. B. mit Geschwistern oder Freunden durchführen.

Durch die Übung wird die Aufmerksamkeit auf den eigenen Körper und auf das Erleben des Jetzt gerichtet, was dabei helfen kann, sich nicht in der ständigen Flut von Reizen zu verlieren und auch nicht ständig mehrere Dinge parallel machen zu wollen.

Warum das Gehirn kein Multitasking mag

Wie bereits erwähnt, gewinnt Achtsamkeit vor allem in Zeiten des Multitasking immer mehr an Bedeutung, denn es gilt, Stress zu reduzieren und behutsam – achtsam – mit Körper und Geist umzugehen.

Der Neurowissenschaftler Beck bezeichnet Multitasking als Illusion und empfiehlt: „Wenn Sie Ihr Gehirn sinnvoll nutzen wollen, bieten Sie ihm immer eine Aufgabe nach der anderen an" (2014: 207). Damit trifft er den sprichwörtlichen Nagel auf den Kopf: Multitasking ist weder hirnfreundlich noch effektiv.

Wenn wir versuchen, zwei Aufgaben gleichzeitig zu erledigen, dann passiert Folgendes im Gehirn: Für die Bearbeitung von Aufgabe A muss ein dazu passendes Aktivierungsmuster aufgebaut werden, für Aufgabe B ein anderes. Wir beginnen mit Aufgabe A, unser Gehirn aktiviert das Muster A. Aufgabe B soll aber, so haben wir es uns schließlich in den Kopf gesetzt, in derselben Zeit auch erledigt werden. Das zwingt unser Gehirn dazu, von Aktivierungsmuster A zu Aktivierungsmuster B zu wechseln, und so geht es nun ständig hin und her in unserem Kopf. Wer glaubt, unsere Aufmerksamkeit wäre tatsächlich teilbar, der irrt sich. Es liegen zahlreiche Hinweise darauf vor, dass wir beim Multitasking unsere Aufmerksamkeit und unser Gehirn zum ständigen Hin- und Herspringen zwingen (Arndt & Sambanis 2017). Für das Gehirn ist es wesentlich günstiger, angenehmer und im Übrigen ist es meistens auch zielführender, bei einer Aufgabe zu bleiben und sich danach der nächsten zuzuwenden. So werden die Kapazitäten sinnvoll genutzt. Das Springen im Kopf hingegen ist erschöpfend und wenig achtsam.

Mit einem einfachen Versuch kann man nachvollziehen, wie es dem Gehirn ergeht, wenn wir es zu Multitasking und damit zum ständigen Springen zwingen. Schauen Sie sich untenstehendes Kippbild an: Sie können darin ein Kaninchen oder eine Ente sehen. Es ist möglich, sehr schnell zwischen den beiden Bildern zu wechseln, man sieht aber niemals exakt zum selben Zeitpunkt Kaninchen und Ente. Auch hier muss im Kopf gewechselt werden. Meistens sieht man zuerst nur das eine Bild, wenn man aber weiß, dass dort Kaninchen und Ente zu entdecken sind, dann kann man zwischen beidem immer wieder hin- und herspringen und zwar so lange, bis es nervt! Probieren Sie es eine Weile aus, und spüren Sie selbst, wie es dem Gehirn bei Multitasking ergeht: Es schafft Unruhe im Kopf und braucht außerdem viel Energie, was uns eigentlich gar nicht gefällt und auch keine sinnvolle Investition der Ressourcen ist.

Abb. 27: Kippbild *The Duckrabbit*

Manche von uns haben die Erfahrung gemacht, dass das Ergebnis von Multitasking trotzdem einigermaßen zufriedenstellend sein kann, zumindest dann, wenn wenigstens eine der Aufgaben, die wir zeitgleich bearbeiten, hoch automatisiert ist. Das kann zutreffen, es bedeutet aber dennoch keineswegs, dass wir die einzelnen Aufgaben, hintereinander ausgeführt, nicht noch besser gemacht hätten. Denn selbst bei einer Tätigkeit, die wir schon so oft gemacht haben, dass wir nicht mehr konstant die Aufmerksamkeit auf sie richten müssen, braucht es zu bestimmten Zeiten doch unsere Aufmerksamkeit, nämlich gleich zu Beginn, um die Bearbeitung in Gang zu setzen, zwischendurch zur Kontrolle des Fortschritts und immer dann, wenn es zu Schwierigkeiten kommt. Selbst bei weitgehend Automatisiertem muss also zumindest ab und zu gewechselt werden. Multitasking ist anstrengend, zum einen wegen des Wechselns zwischen den Aktivierungsmustern und der jeweiligen Aufmerksamkeitsfokussierung, zum anderen aber auch, weil während der gesamten Bearbeitung nicht nur eine Aufgabenstellung, sondern gleich zwei parallel im Arbeitsgedächtnis gehalten werden müssen.

Achtsame Kommunikation

Das bereits in den 1970er Jahren von den Psychologen Rosenberg und Chopra (2015) entwickelte Modell der gewaltfreien Kommunikation lässt sich auch im Rahmen der Achtsamkeitspädagogik gut nutzen.

Im ersten Schritt beobachten wir Handlungen und Geschehnisse, ohne sie zu bewerten. Die Beobachtung führt zu Gefühlen in uns, die wir wahrnehmen müssen. Diese Gefühle zeigen uns, ob unsere Bedürfnisse gerade erfüllt werden oder nicht. Unerfüllte Bedürfnisse werden in eine Bitte um eine konkrete Handlung überführt. Stellen Sie sich vor, dass Ihr Kind mehrmals hintereinander nicht die Hausaufgaben macht. Diese Beobachtung führt bei Ihnen zu Frustration und dem unerfüllten Bedürfnis bzw. dem inneren Wunsch, nicht ständig kontrollieren zu müssen, ob Dinge erledigt werden. Statt nun aber mit Ihrem Kind zu schimpfen, tragen Sie Ihren Wunsch, dass die Hausaufgaben ohne ständiges Ermahnen erledigt werden, als Bitte vor und bieten an, zusammen nach einer Strategie zu suchen, die sich motivierend auswirkt.

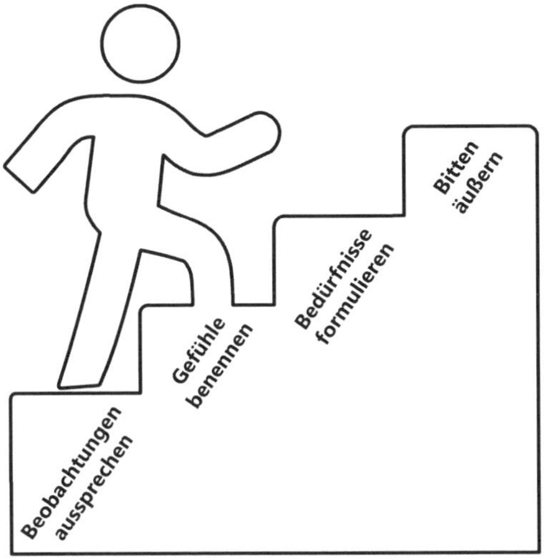

Abb. 28: Die vier Schritte der achtsamen Kommunikation

Es ist also wichtig, nicht-wertend und emphatisch auf Gesprächspartner zuzugehen und nicht sofort zu urteilen. Ich-Botschaften sind zentral. Gerade Rollenspiele können dabei helfen, eine dem Gegenüber zugewandte Kommunikation einzuüben und die Perspektive des Gegenübers nachzuvollziehen.

Empathie

Empathie gilt als eine der Grundvoraussetzungen erfolgreichen Zusammenlebens und gelungener Kommunikation. Nicht umsonst bezeichnete Barack Obama einmal das Empathie-Defizit (*empathy deficit*) und nicht die Staatsverschuldung (*federal deficit*) als größte Herausforderung in der amerikanischen Politik. Einfach gesagt bedeutet Empathie, den Impulsen und dem Input anderer gegenüber offen zu sein (Preston & de Waal 2017). Können wir uns in andere einfühlen, dann erkennen wir auch versteckte Signale des Gegenübers und gehen behutsam und angemessen mit den Bedürfnissen anderer um.

Die Forschung zeigt, dass ein hoher Grad an Empathie zu einem gesteigerten seelischen Wohlbefinden und besseren Beziehungen beiträgt. Unterscheiden lässt sich zwischen kognitiver und emotionaler Empathie. Erstere meint die Fähigkeit zur Perspektivübernahme. Man kann die Gedanken sowie Gefühle eines anderen Menschen erfassen und auch nachvollziehen. Emotionale Empathie bedeutet, dass man fähig ist, Mitgefühl oder auch Mitleid zu empfinden und auszudrücken. Man fühlt im wahrsten Sinne des Wortes mit der anderen Person.

Empathie ist also eng mit Achtsamkeit verknüpft, denn während Achtsamkeit den Blick auf uns selbst richtet, lenkt die Empathie unsere Aufmerksamkeit auf andere. Wir nehmen in einem Moment also uns selbst, aber auch andere wahr.

Die Fähigkeit, mit anderen zusammenzuarbeiten, anderen zu helfen (Zivilcourage) oder sogar altruistisch zu handeln, beruht ebenfalls auf Empathie. Auch wenn wir sozusagen mit einer Grundausstattung an Empathie geboren werden, gilt es dennoch, diese vor allem in jungen Jahren zu entwickeln. Auch für den Sprachunterricht ist Empathie unerlässlich, denn sich in andere einfühlen zu können, fördert die Fremdwahrnehmung, die gerade in interkulturellen oder mehrsprachigen Umgebungen unerlässlich ist. Wir hören aktiv zu und nehmen die andere Person wahr. Achtsamkeit, so zeigen Studien eindeutig, kann auch die Ausbildung von Stereotypen und das Entstehen kulturell bedingter Missverständnisse verhindern (Kirmayer 2015).

Bereits kleine und kurze Aktivitäten oder Rituale, immer wieder in den Unterricht eingestreut oder zu Hause genutzt, können die Empathie von Kindern und Jugendlichen steigern. Das kann z. B. bedeuten, dass wir uns darüber Gedanken machen, was anderen guttun könnte oder was ihnen eine Freude bereiten würde und letztendlich auch aktiv werden. Wird die gute Tat von anderen anerkannt, werden nicht nur das eigene Selbst, sondern auch die sozialen Beziehungen gestärkt. Ganz nebenbei wirken solche Übungen auch noch kreativitätssteigernd. Einfache Beispiele sind das gemeinsame Befüllen eines Klassen-Adventskalenders oder sich gegenseitig zum Geburtstag, Fastenbrechen oder Weihnachten zu beschenken. Dabei geht es nicht darum, besonders teure Geschenke zu finden oder zwingend um etwas Materielles, sondern vorrangig um etwas, das dem anderen gefallen könnte und ihm eine Freude macht. Das kann auch eine nette Botschaft sein oder ein herzliches Lob.

Achtsamkeitsübungen – Wirkung oder Wunschdenken?

Schon seit einigen Jahren werden mögliche Wirkungen von Achtsamkeitsübungen erforscht, und bestimmte Effekte sind inzwischen recht gut belegt. Beispielsweise trifft die Annahme zu, durch Achtsamkeitstraining Stress besser bewältigen zu können. Außerdem lässt sich die Emotionsregulation verbessern (Sambanis & Walter 2022: 80f.). Überdies sind Hinweise darauf, dass sich erste, wenn auch zunächst noch kleine Effekte schon nach kurzer Übungsdauer einstellen, ermutigend. Sie zeigen sich vor allem dann, wenn an mehreren aufeinanderfolgenden Tagen geübt wird. Das motiviert zum Weitermachen!

Auch auf unser Arbeitsgedächtnis können sich Achtsamkeitsübungen positiv auswirken und es effizienter machen. Das Arbeitsgedächtnis sitzt im Stirnlappen und arbeitet, je nach Aufgabe, mit anderen Hirnregionen zusammen. Im Arbeitsgedächtnis können für eine begrenzte Zeit einige aktuell wichtige Informationen wachgehalten werden. Beim Erwachsenen fasst es ca. sieben Elemente, bei Kindern im Einschulungsalter etwa drei bis vier. Seine Kapazität reicht also nur für wenige Informationen aus und ist zeitlich begrenzt, aber genau das macht das Arbeitsgedächtnis schnell wieder einsatzfähig, neu verwendbar und zu einem enorm wichtigen Gedächtnissystem. Das Arbeitsgedächtnis ist für das Lernen entscheidend und auch sonst im Alltag nutzen wir es ständig. Wir brauchen es beispielsweise, wenn wir uns kurz eine Zahlen- oder Wortreihe merken wollen, oder wenn wir einer Anleitung folgen (beim Backen, beim Zusammenbauen von Möbeln etc.) und versuchen, die nächsten Schritte im Kopf zu haben. Das Bemerkenswerte am Arbeitsgedächtnis ist, dass wir die Informationen nicht einfach statisch dort zwischenparken, sondern dass wir bereits aktiv etwas mit ihnen anfangen können: Wir können sie in Handlungsschritte umsetzen, wir können einzelne Informationen verknüpfen oder einander gegenüberstellen. Für sprachliche Interaktionen ist das Arbeitsgedächtnis von zentraler Bedeutung, denn es ist diese Hirnregion, die es uns erlaubt, Gesprächen folgen bzw. aktiv daran teilnehmen zu können. Ohne unser Arbeitsgedächtnis hätten wir in dem Moment, in dem wir auf eine Frage antworten wollten, schon vergessen, was gefragt wurde. Das wäre überhaupt nicht zielführend, sondern sehr frustrierend.

Achtsames Innehalten

Diese Gedanken/ Gefühle/Körperempfindungen habe ich gerade …

Wer eifrig und regelmäßig Achtsamkeitsübungen durchführt, beeinflusst schließlich auch die Architektur des Gehirns. So nimmt beispielsweise das Volumen des linken Hippocampus zu (Lueke & Lueke 2019: 1533). Der Hippocampus ist für das Lernen wichtig, besonders für das Lernen durch Ereignisse, außerdem wirkt er an der Verarbeitung emotionaler Reize mit. Der Hippocampus reagiert auf Neuigkeiten und zeigt uns damit an, wo besonders große Chancen zum Lernen bestehen. Er erfüllt wesentliche Funktionen, u. a. ist er unser wichtigster Kurzzeitspeicher und die Verbindungsstelle zwischen Kurz- und Langzeitgedächtnis. Zusammen mit dem Arbeitsgedächtnis übernimmt der Hippocampus eine zentrale Rolle bei der Aufnahme von neuem Wissen (u. a. von Ereignissen, Fakten, Informationen, Wortbedeutungen) und beim Anbahnen der Abspeicherung dieses Wissens im Gehirn.

Ein Training, das diese Regionen und Funktionen unterstützt und daraus resultierend positive Effekte zeigt, ist eine gute kleine Zeitinvestition!

Eine Studie aus dem Jahr 2019 zeigt überdies, dass durch *mindfulness*-Training die Aufnahme sprachlicher Informationen optimiert werden kann und zwar dank der Verbesserung des Arbeitsgedächtnisses. Dieser Befund ermutigt dazu, kleine Übungen in den Sprachunterricht zu integrieren und auch zu Hause, z. B. vor den Hausaufgaben, um gut ins Lernen zu kommen. Eine bessere Aufnahme verbaler Informationen kann nicht nur im Sprachunterricht, sondern auch in anderen Schulfächern und zahlreichen Alltagssituationen vorteilhaft sein und die Selbstsicherheit stärken. Die Forschenden (Lueke & Lueke 2019: 1541) empfehlen eine kurze Achtsamkeitsübung vor dem Lernen und bezeichnen dies als relativ kleine Investition, um in wesentlichen Lernbereichen profitieren zu können, z. B. beim Vokabellernen, sinnentnehmenden Lesen oder wenn Hörverstehen erbracht werden muss. Wer regelmäßig Achtsamkeitsübungen durchführt, stabilisiert die Trainingseffekte, d. h. die Aufnahme sprachlicher Informationen gelingt auch dann besser, wenn nicht mehr direkt davor meditiert bzw. Achtsamkeit geübt wird. Da die Verbesserung der Informationsaufnahme auf die Arbeitsgedächtniskapazität zurückzuführen ist und nicht auf die jeweilige Aufmerksamkeitsspanne der Lernenden, könnte dies bedeuten, dass auch Lernende mit Aufmerksamkeitsdefiziten durch Achtsamkeitstraining die Möglichkeit haben, ihre sprachliche Informationsaufnahme zu verbessern (ebd.: 1542).

Mit Meditation zu mehr Achtsamkeit!

Wie bereits erwähnt, ist die „Kompetenz in der Gegenwart zu sein“ (José 2016: 57) ein wichtiges Element der Achtsamkeit. Wir entkommen negativen Gedankenspiralen und werden uns stattdessen unseres eigenen – oft auch negativen – Denkens bewusst (Williams & Penman 2011). Dabei spielen außer unseren Gedanken auch körperliche Empfindungen eine entscheidende Rolle. Kurz gesagt: wir nehmen unsere Gedanken und unseren Körper bewusst wahr – sind uns selbst gegenüber sozusagen sensibel. Nur so können wir mentale, aber auch physische Dysfunktionen aufspüren und Bedürfnissen nachgehen, die bisher unbeachtet geblieben sind. Dabei ist die sinnliche Wahrnehmung, also ein bewusstes Erspüren der sensorischen Informationen, die wir empfangen, zentral. Wie Zeilhofer (2021: 3) hervorhebt, ist Meditation „eine uralte Praxis, die heutzutage häufig mit Spiritualität bzw. mit religiösen Traditionen wie dem Hinduismus und Buddhismus assoziiert wird“, obwohl sie in ganz unterschiedlichen Kontexten, Religionen und Kulturen zu finden ist. Achtsamkeit wird fälschlicherweise oft mit Meditation gleichgesetzt. Jedoch ist Achtsamkeit ein Zustand und Meditation kann uns dabei helfen, diesen zu erreichen. Zur Entwicklung von Achtsamkeit ist es wichtig, meditative Praktiken zu erfahren. Wir entfliehen sozusagen einem Teufelskreis aus Automatismen und unbewussten Handlungen (Kabat-Zinn 2005: 3).

Die Forschung zeigt z. B., dass Meditation die effektivste Methode ist, um Stress zu reduzieren. Fühlen wir uns gestresst, sollten wir einen Moment zurücktreten und uns fragen, warum wir gerade gestresst sind. Sind wir wütend, hilft ein Aufspüren der Gründe uns, eventuellen Überreaktionen vorzubeugen. „Es findet eine Emotionsregulation statt, was die Veränderung bzw. Steuerung von Emotionen hinsichtlich der Dauer und der Intensität meint" (José 2016: 73).

Meditation – einfach gesagt, ein Zustand innerer Ruhe, der es erlaubt, Gedanken kommen und gehen zu lassen, ohne diese zu bewerten oder zu durchdenken – hat zahlreiche positive Effekte. Äußere Faktoren, wie z. B. das Vorhandensein von Stressoren, ändern sich nicht, aber die innere Einstellung. Man lernt gewisse Dinge zu akzeptieren und nicht auf jeden Reiz sofort impulsiv zu reagieren. Mit der Zeit können unbewusste Stressreaktionen in eine angemessene Stressreaktion transformiert werden.

Achtsamkeitsmeditation

Bewusstes Beobachten von Gefühlen, Sinneswahrnehmungen und Gedanken

Das Geheimnis der Achtsamkeitsmeditation ist die Akzeptanz. Wir akzeptieren, dass nicht jeder Gedanke oder jedes Ereignis sofort einer Bewertung bedarf oder dass wir nicht sofort die richtige Lösung für jede Herausforderung parat haben. Der erste Schritt zu mehr Gelassenheit besteht darin, sich der eigenen Denkmuster bewusst zu werden, denn nur so bleiben wir für neue Ideen, Erfahrungen, Impulse und Haltungen offen – Fähigkeiten, die auch für den Sprachunterricht wichtig sind. Kabat-Zinn (2005) nutzt hierfür die Metapher des Anfängergeistes: Wir erleben Momente und Eindrücke so intensiv als würden wir sie zum ersten Mal erleben und nehmen – wie Kinder – wieder Reize wahr, die wir als Erwachsene oft schlicht und einfach nicht mehr bemerken. Akzeptanz bedeutet auch, Fehlschläge, Enttäuschungen und selbst schmerzhafte Emotionen und negative Gedanken erst einmal unvoreingenommen anzunehmen. Das heißt jedoch nicht, dauerhaft in der negativen Gedankenwelt zu verharren, sondern die eigene achtsame Haltung für das Treffen bewusster und durchdachter Entscheidungen zu nutzen.

Meditation kann auch Dankbarkeit fördern und zwar via Achtsamkeit. Das Praktizieren von Dankbarkeit kann uns dauerhaft glücklicher machen. Eine auf Erlebnisse und Momente, für die wir dankbar sind, gerichtete Meditation, kann uns dabei helfen, gezielt Dankbarkeit zu empfinden. Das Glas ist also halb voll und nicht halb leer. Dabei muss es nicht um Besitztümer oder große Ereignisse gehen, denn klein anfangen ist die Devise. Wir öffnen sozusagen unsere Augen für kleine Dinge wie die Sonne oder die Tatsache, dass wir gesund sind und ein Dach über dem Kopf haben (für weitere Dankbarkeitsübungen vgl. Kap. 2 & 4).

Informelle Achtsamkeitsübungen lassen sich ganz ohne Aufwand in den Alltag einbauen, denn alltägliche Tätigkeiten können achtsam ausgeführt werden. Dazu gehört achtsam zu essen oder achtsames Zähneputzen. Die Zeit, die wir auf oftmals automatisierte Alltagstätigkeiten verwenden, kann auch dazu genutzt werden, aktuelle Gedanken und die momentane Gefühlslage zu akzeptieren und die Gegenwart möglichst ohne Vorurteile zu beobachten.

Achtsamkeit im Sprachunterricht fördern

Mit mehr Achtsamkeit zu erfolgreichem Sprachenlernen

Achtsamkeit ist zentral für erfolgreiches Sprachenlernen, denn gelernt werden soll mit allen Sinnen und voller Aufmerksamkeit. Schülerinnen und Schüler sollen sich gegenseitig mit Aufmerksamkeit begegnen, ohne dabei zu werten. Zielgerichtetes sowie zugleich achtsames und selbstreflektiertes Lernen bedeutet u. a., nicht nur die eigenen Erwartungen und Bedürfnisse, sondern auch die anderer im Blick zu haben. Achtsamkeitspädagogik und erfolgreiches Sprachenlernen weisen zahlreiche Gemeinsamkeiten auf (Abb. 29).

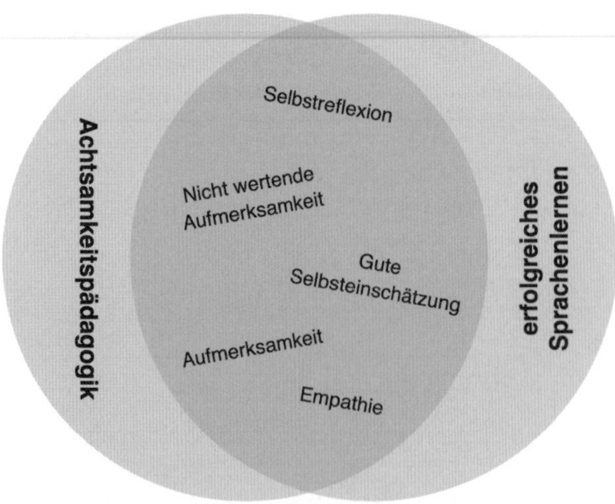

Abb. 29: Achtsamkeit und Sprachenlernen (in Anlehnung an Häuptle-Barceló 2018: 8)

Die Vorteile einer Förderung von Achtsamkeit im Sprachunterricht sind zahlreich. Klar ist, dass eine bessere Achtsamkeit als Katalysator für ein erfolgreicheres Sprachenlernen fungiert, denn Stress wird reduziert, Aufmerksamkeit, Fokussierung und Kreativität gefördert (Moafian et al. 2019). So zeigte die 2017 von Carsley, Khoury und Heath veröffentlichte Metaanalyse über 24 Studien mit insgesamt fast 4000 Lernenden, dass Übungen zur Steigerung der Achtsamkeit sich positiv auf das *well-being* der Schülerinnen und Schüler auswirkten. Die Ergebnisse zeigen aber auch, dass ein altersgerechtes Angebot wichtig ist, denn die Effekte hielten am längsten in der Gruppe der 15- bis 18-Jährigen, was vermutlich zwei Gründe hat: Erstens waren die Übungen ursprünglich für Erwachsene konzipiert, und zweitens waren die älteren Lernenden wohl eher in der Lage, die Übungen auch eigenständig außerhalb des Klassenzimmers durchzuführen. Abbildung 30 fasst die durch Studien belegten Vorteile eines auf die Förderung von Achtsamkeit ausgerichteten (Sprach-) Unterrichts zusammen. Aufgrund der Vielzahl positiver Effekte, die in verschiedenen Studien sowohl im universitären als auch im schulischen Sprachunterricht nachgewiesen werden konnten, beschränken wir uns auf eine Auswahl.

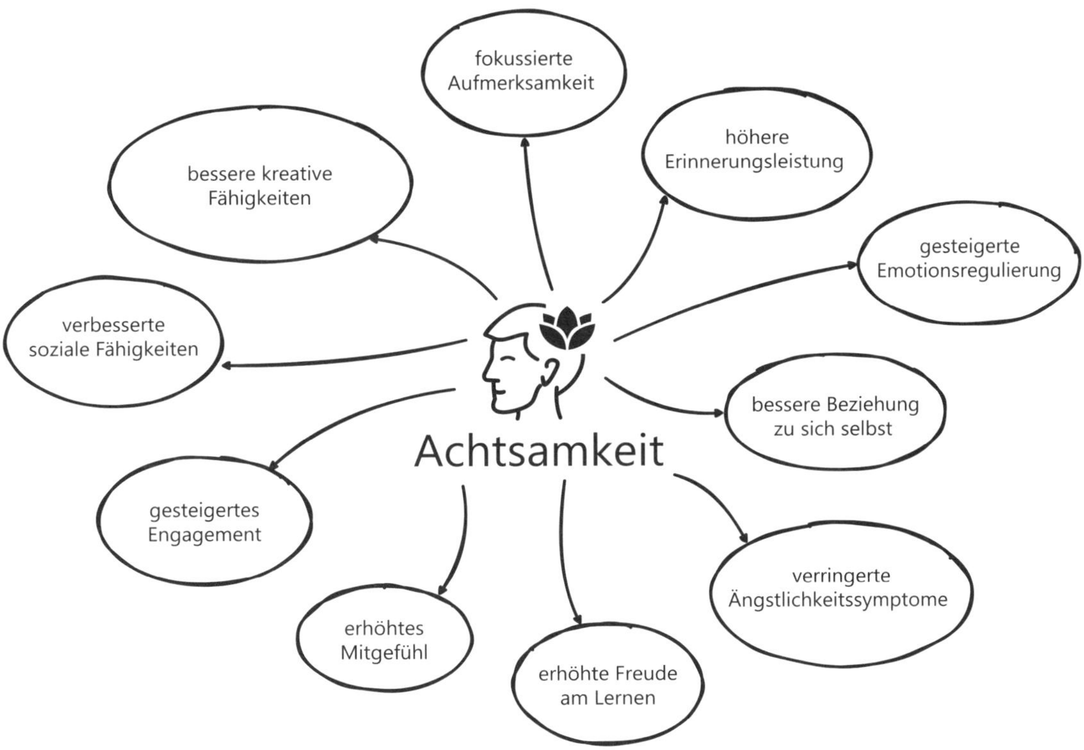

Abb. 30: Wie sich Achtsamkeit positiv auf das Sprachenlernen auswirkt

Bereits Ende der 1980er Jahre stellte die an der Universität Harvard tätige US-amerikanische Psychologin Langer fest, dass Achtsamkeit aus drei zentralen Fähigkeiten besteht: 1) Bildung neuer Kategorien, um die Welt zu verstehen, 2) Offenheit gegenüber neuen Erfahrungen und Informationen sowie 3) Bewusstsein darüber, dass es immer mehr als eine Perspektive gibt (1989). Diese Fertigkeiten sind auch Kernelemente einer erfolgreichen und auf gegenseitigem Verständnis beruhenden interkulturellen Kommunikation – *mindfulness* und interkulturelles Interagieren liegen also nahe beieinander.

In auf Achtsamkeit beruhenden interkulturellen Begegnungssituationen nehmen wir die Haltungen, Meinungen und Annahmen unseres Gegenübers mit Neugier und Offenheit wahr, wie das bereits 1999 von Ting-Toomey entwickelte Modell zur *mindful intercultural communication* zeigt.

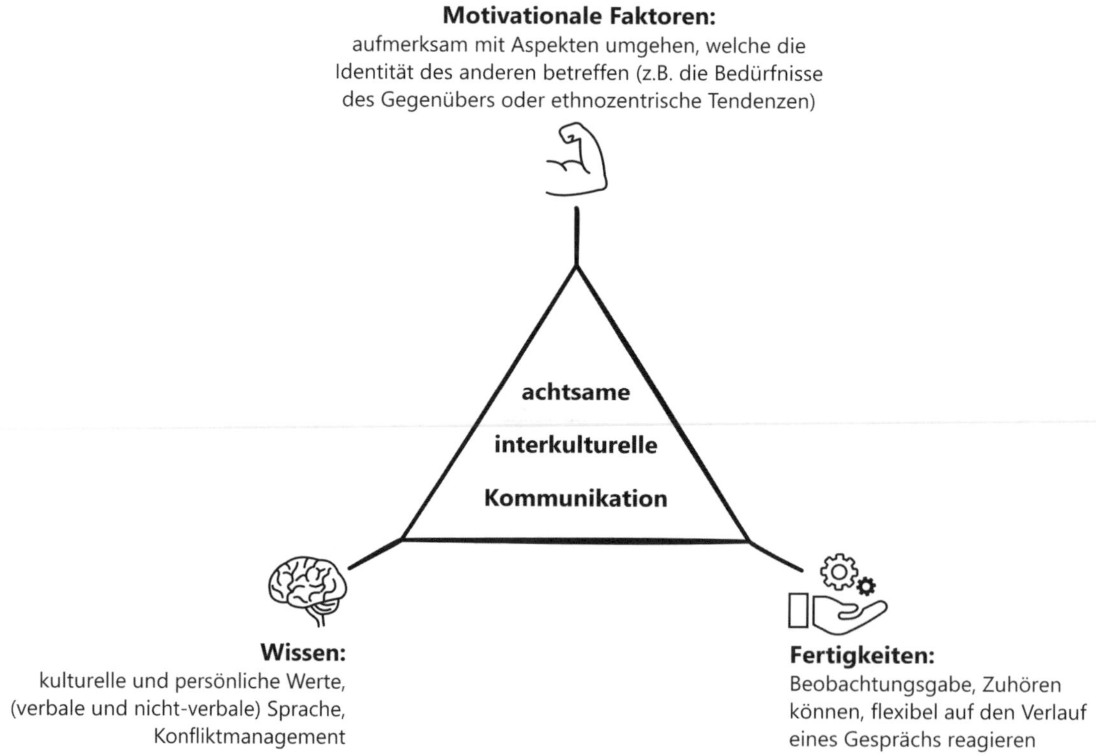

Abb. 31: Elemente achtsamer interkultureller Kommunikation

Viele im Sprachunterricht anerkannte Methoden und Aktivitäten können das Bewusstsein für den eigenen Körper und die eigenen Gedanken schärfen. Dazu zählen Improvisationsübungen, die Arbeit an Projekten, die Auseinandersetzung mit entsprechenden Texten oder das Erzählen von Geschichten – es gibt im Internet und im Buchhandel inzwischen auch *mindfulness bedtime stories,* also achtsamkeitsförderliche Gutenachtgeschichten für Jüngere. Aber auch Übungen im Hier und Jetzt, Entspannungsübungen oder das Trainieren des aktiven Zuhörens tragen zu einer höheren Achtsamkeitskompetenz bei. Bereits einfache Atemübungen steigern nicht nur das mentale Wohlbefinden, sondern verlangsamen den Herzschlag und senken den Blutdruck – gesunde Ausgangsvoraussetzungen für erfolgreiches Sprachenlernen.

Aktiv werden! Übungen für den Unterricht und für zu Hause

Die Aufmerksamkeit gezielt auf ein Objekt richten

Ein einfacher Weg zur Steigerung der Achtsamkeit ist, sich auf die Umgebung bzw. auf ein einzelnes Objekt zu konzentrieren und es bewusst wahrzunehmen.

Ziele und Vorgehen

Für diese Übung kann jedes Objekt genutzt werden – ein einfaches Blatt Papier funktioniert genauso wie die eigene Hand, ein Schlüsselanhänger oder ein Kunstwerk. Auch z. B. Bäume, Klassenzimmergegenstände oder Blumen können für diese Übung genutzt werden. Zunächst haben die Lernenden die Aufgabe, den gewählten Gegenstand für ein bis zwei Minuten zu betrachten und ihre gesamte Aufmerksamkeit auf das Objekt zu richten. Zur Unterstützung können ihnen Leitfragen an die Hand gegeben werden – im Fremdsprachenunterricht in der jeweiligen Sprache:

- *Welche Beschaffenheit hat die Oberfläche des Gegenstandes?*
- *Aus welchem Material ist er gemacht?*
- *Wie schwer ist er?*
- *Welche Größe hat er?*
- *Welche Farben hat er?*
- *Welche Temperatur hat der Gegenstand?*
- *Wie riecht der Gegenstand?*

Je nach Gegenstand können so unterschiedliche Wortfelder wie Farben, Maßeinheiten, oder Formen sowie Wortarten wie z. B. Adjektive (schwer, kalt, flauschig) geübt werden; auch können die Lernenden in Partnerarbeit gegenseitig Fragen zum Gegenstand des jeweils anderen formulieren. Die Übung ist zu Hause mit Bezugspersonen ähnlich umsetzbar wie in der Schule und lässt sich gut in verschiedene Situationen des Alltags einbauen, übrigens auch dann, wenn Wartezeiten überbrückt werden müssen, z. B. beim Benutzen von öffentlichen Verkehrsmitteln oder im Wartezimmer des Zahnarztes.

In der Schule lässt sich die Aktivität je nach Lerngruppe beliebig erweitern bzw. adaptieren. So können die Lernenden z. B. eine kurze Geschichte zum Gegenstand schreiben oder Objektmonologe entwerfen und vortragen (Schreib-, Sprech- und Hörverstehensaufgabe), indem beispielsweise aus der Perspektive der Schultasche erzählt wird, wie es ihr an einem ganz normalen Schultag ergeht.

Abgesehen von Gegenständen können gerade Teenager z. B. ihre Umgebung auch ohne die Anleitung der Lehrkraft erkunden. Auch wenn die Schülerinnen und Schüler meinen, z. B. ihren Nachhauseweg bereits zu kennen, ermöglicht es eine aufmerksame Erkundung der Umgebung, Unentdecktes wahrzunehmen oder bereits Bekanntes aus einer neuen Perspektive zu betrachten. Bei dieser Variation der Aktivität können Lernende ihre Smartphones nutzen, um beispielsweise ein Achtsamkeits-Fotoalbum anzulegen und Schlagwörter/Hashtags dazu zu finden bzw. kurze Bildbeschreibungen zu formulieren.

Meditation – Im Auge des Hurrikans

Diese recht bekannte Achtsamkeitsmeditationsübung animiert dazu, Negatives wie Wut und Stress von außen zu betrachten – es quasi nicht mehr an sich heranzulassen. Man macht sich auf den Weg durch die tosende Windwand (*eyewall*) in das ruhige Auge des Sturms (*eye of the storm*).

Ziele und Vorgehen

Zu Beginn der Übung nehmen die Schülerinnen und Schüler eine ruhige, meditative Haltung ein und hören nach innen, d. h. sie achten auf ihren Körper und ihre Empfindungen. Nun ist Fantasie gefragt, denn die Lernenden werden gebeten sich als Hurrikanjäger (*hurricane hunters)* einen wilden, tosenden Hurrikan vorzustellen. Sie sehen jedoch nicht nur den wilden Sturm, sondern auch das ruhige Zentrum, das Auge des Hurrikans. Ziel ist es nun, in die Mitte des Sturms zu gelangen, also die wilden und negativen Gedanken loszulassen und selbst so ruhig wie das Zentrum des Sturms zu werden. Dazu achten die Lernenden auf eine ruhige Atmung und richten den Blick ganz nach innen. Unangenehme Gefühle, Geräusche von außen, traurige Erinnerungen und der turbulente Alltag verblassen zunehmend, je mehr man sich dem ruhigen Zentrum des Sturms nähert. Zwar sind alle anderen Empfindungen noch vorhanden, doch werden sie immer mehr von außen betrachtet. Zum Abschluss der Übung kehrt man mit dem Wissen in die Wirklichkeit zurück, dass man in schwierigen Situationen des Alltags immer kurz zu seiner inneren Mitte reisen kann.

Die Aktivität bietet sich auch gut zum Sprachenlernen an. So kann man z. B. auf ganz verschiedene Weise zur Mitte des Sturms reisen (taumeln, rennen, fliegen), und auch nicht jeder Sturm ist gleich. Wird die Übung regelmäßig durchgeführt, bietet es sich daher an, bei den Instruktionen sprachlich zu variieren und den Schwierigkeitsgrad langsam zu steigern. Die Erinnerungen und Alltagsgeschichten, welche die Lernenden hinter sich lassen, können wertvolle Impulse zum Schreiben kleiner Geschichten oder Erfahrungsberichte bieten.

Haben die Schülerinnen und Schüler die Übung einmal begleitet und sprachlich angeleitet durchgeführt, können die Lernenden die Reise zum Auge des Sturms zu Hause für sich in Gedanken wiederholen, z. B. um vor dem Einschlafen zur Ruhe zu kommen.

Bonus – 5 kleine Achtsamkeitsübungen für zwischendurch

1) *Living in the moment*: Eine Tätigkeit so detailliert wie möglich beschreiben (*Ich sitze gerade …*). So lässt sich u. a. die Verlaufsform in einer neuen Sprache einüben.
2) Geräusche erkunden und verstehen: Die Augen schließen und auf Geräusche hören (Herzschlag, Atem, …) und sich Fragen zu diesen Geräuschen stellen (z. B. *Welche Tonhöhe oder welcher Rhythmus?*). So lassen sich zahlreiche Wortfelder erschließen und wiederholen.

3) Achtsames Sitzen: Die Lehne am Rücken und den Kontakt mit dem Boden spüren, die Wirbelsäule aufrichten, Schultern und Nacken lockern.

4) Ungeliebte Lieblingsbeschäftigung: Eine Tätigkeit so ausführen, als ob es die absolute Lieblingsbeschäftigung wäre und nachspüren, wie es sich anfühlt, eine ungeliebte Tätigkeit mit positiver Energie anzugehen.
5) Zeitlupe: Eine Tätigkeit ganz langsam ausführen. So kann man z. B. den Smartphone-Timer auf 3 Minuten setzen und das gewohnte Tempo beim Essen, Aufräumen, Haare bürsten, den Müll endlich einmal wieder aus der Schultasche entfernen und entstandene Flecken ohne jegliche Hetze sorgsam wegrubbeln, so weit wie möglich drosseln.

Empathie stärken – Wie würdest du handeln?

Empathie lässt sich vor allem dadurch fördern, dass man Lernende dazu anregt, sich in andere hineinzuversetzen. Dazu ist es wichtig, die Schülerinnen und Schüler dazu zu animieren, sich mit Situationen auseinanderzusetzen, in denen man sich in die Lage einer anderen Person hineinversetzen muss bzw. Mitgefühl oder Zivilcourage zeigen kann.

Ziele und Vorgehen

Zu Beginn der Aktivität wird den Lernenden eine Situation geschildert, in der eine Person in Bedrängnis gerät, z. B. diese: Laura geht in die siebte Klasse, auf dem Schulhof tuscheln die anderen, wenn sie sie sehen, denn in den sozialen Medien werden Falschnachrichten über sie verbreitet. Nun sollen die Schülerinnen und Schüler versuchen, sich in Laura hineinzuversetzen und überlegen, wie sie sich an ihrer Stelle fühlten. Danach bekommen sie vier Handlungsoptionen vorgestellt, wobei jede Ecke im Klassenzimmer für eine Entscheidungsmöglichkeit steht. Nachdem alle Schülerinnen und Schüler eine Ecke gewählt und sich dorthin gestellt haben, werden die verschiedenen Handlungsmöglichkeiten durchgesprochen und die Auswahl kritisch diskutiert, aber ohne dabei die Entscheidungen anderer abzuwerten.

Wie würde Finn handeln, wenn er ein Mitschüler von Laura wäre?

A) Er markiert die Posts als Fake News.
B) Er spricht mit einer Lehrkraft/Vertrauenslehrkraft.
C) Er ignoriert die Situation.
D) Er handelt folgendermaßen: ...

Vor allem die individuellen Ideen (Ecke D) bieten viel Raum zur Diskussion. In sprachlicher Hinsicht kombiniert die Übung Hörverstehen mit spontanem Sprechen und kann zur Wortschatzstabilisierung oder -erweiterung beitragen. Besonders jüngere und leistungsschwächere Schülerinnen und Schüler können durch Wortkarten oder sprachliche Baugerüste (*scaffolds*) wie Satzanfänge/Wortkombinationen bzw. Formulierungshilfen und wiederkehrende sprachliche Handlungen in Diskussionen unterstützt werden.

Was sagt dein Gesicht? – Gefühle am Gesicht erkennen

Mimik spielt in der alltäglichen Kommunikation eine wichtige Rolle, denn über das Gesicht werden Gefühle ausgedrückt. Man zeigt an, wie man sich gerade fühlt. Doch nicht immer ist der Gesichtsausdruck des anderen einfach zu deuten. Manche Menschen sind besonders gut darin, ihre Emotionen im Gesicht zu verbergen.

Ziele und Vorgehen

Ziel der Übung ist es, die Empathie der Lernenden zu schulen und ihr Bewusstsein dafür zu schärfen, dass Menschen auch zahlreiche nicht-sprachliche Botschaften senden, die es uns erlauben, Rückschlüsse auf ihre emotionale Verfassung zu ziehen. Gerade für den Sprachunterricht bietet die Aktivität die Möglichkeit, das Wortfeld Emotionen zu erschließen und zu lernen, die Gefühle von Menschen genauer zu beschreiben.

Die Lernenden suchen sich eine Partnerin oder einen Partner. Jedes Paar bekommt ein Set Karten, wobei auf jeder Karte eine Emotion steht (z. B. wütend, verärgert, glücklich, traurig). Während die oder der eine die gezogene Emotion darstellt, ohne die Karte zu zeigen, rät der oder die andere den Gefühlszustand. Für jede richtig erkannte und benannte Emotion gibt es einen Punkt.

Etwas abgewandelt lässt sich die Übung auch mit Emojis durchführen, denn diese werden in der digitalen Alltagskommunikation immer wichtiger. Dazu bekommen die Lernenden ein Set Emojis. Ziel ist es, den Gefühlszustand des Emojis richtig zu deuten. Zusätzlich können die Schülerinnen und Schüler auch eigene Emojis erfinden und gestalten.

Bodyscan

Den eigenen Körper (wieder) achtsam wahrzunehmen, hilft, bei sich selbst zu bleiben und den eigenen Gedanken und Empfindungen wohlwollend zu begegnen. Der *Bodyscan* ist ein Klassiker unter den Achtsamkeitsübungen (Böttger & Sambanis 2021: 160f.).

Ziele und Vorgehen

> **Bodyscan**
>
> **Nichts bewerten, sondern nur freundlich und wohlwollend wahrnehmen.**

Die Schülerinnen und Schüler verteilen sich so im Klassenzimmer, dass sie bequem sitzen oder liegen können. Die Lernenden erspüren die Stellen, an denen der Körper den Boden bzw. den Stuhl berührt. Die Augen werden nach Möglichkeit geschlossen oder, wenn sich die Lernenden damit nicht wohl fühlen, ein Punkt fixiert, im Sitzen am besten ein Punkt am Boden. Ziel ist es, den eigenen Körper als Ganzes wahrzunehmen und mit der Aufmerksamkeit von Kopf bis Fuß zu wandern, auf eine ruhige Atmung zu achten und eventuelle Körperempfindungen wahrzunehmen, ohne diese zu bewerten. Die Lehrkraft führt die Lernenden mit ruhigen Anweisungen, im Fremdsprachenunterricht in der jeweiligen Sprache, durch die Übung. Je nach zur Verfügung stehender Zeit können die Lernenden einzelne Körperteile (z. B. linker Fuß) erst als Ganzes und dann in Teilen (Ferse, die Zehen, das Fußgelenk usw.) erspüren, ohne die betreffenden Körperteile zu bewegen. Spannungen werden gelöst. Vielleicht spüren sie ein leichtes Kribbeln, Jucken oder sogar das Blut, das durch den Fuß strömt. Nach und nach arbeiten sie sich wie ein Scanner von unten nach oben vor, bis sie zum Kopf gelangen.

Geräusche von außen werden wahrgenommen, ohne auf sie einzugehen oder sie festzuhalten. Gleiches gilt, wie gesagt, für Gefühle und Gedanken. Kommt beispielsweise der Gedanke an eine bald bevorstehende Klassenarbeit auf, so ist dieser durchaus erlaubt und soll nicht unterdrückt werden, aber es soll nicht daran festgehalten werden, indem z. B. mental ein Übungsplan erstellt oder überlegt wird, welcher Stoff noch zu wiederholen ist.

Zum Abschluss der Übung nehmen die Schülerinnen und Schüler sich noch einen Moment, bevor sie beginnen, einzelne Körperteile bewusst zu bewegen und sich schlussendlich aufzurichten. Gerade am Anfang bietet es sich an, die Übung mit einem Erfahrungsaustausch abzuschließen. Dabei geht es nicht darum, wie gut die Übung durchgeführt wurde, sondern um ein wertfreies Teilen des Erlebten. Dabei können Leitfragen wie *Was ist dir besonders leicht- oder schwergefallen?* helfen. Denn schlussendlich geht es auch darum, Dinge, die vielleicht noch nicht gut gelaufen sind, positiv und als Teil eines Lernprozesses anzunehmen. Der *Bodyscan* ist eine Übung, deren Durchführung mit Sprache verbunden ist. In der Reflexionsphase werden Sprechen und Hörverstehen geübt. Außerdem kann der *Bodyscan* dazu genutzt werden, um, wie oben aus der Forschung berichtet, die Aufnahme sprachlicher Informationen in einer anschließenden Lernphase zu verbessern.

Für die Übung benötigt man lediglich etwas Ruhe und Zeit sowie ein bisschen Platz zum Liegen oder Sitzen. Die Aktivität kann von Schulkindern alleine oder mit Eltern, Geschwistern bzw. Freunden zu Hause oder im Park durchgeführt werden. Sollte man niemanden zum Anleiten finden, bietet das Internet zahlreiche angeleitete Körperreisen. Mit etwas Übung lässt sich der *Bodyscan* schließlich auch ohne Anleitung durchführen.

Our five senses – Mit allen Sinnen lernen

Das Stationenlernen ist ein fester Bestandteil des offenen Sprachunterrichts. Dabei befassen sich die Lernenden an Stationen mit unterschiedlichen Materialien oder Aufgaben, mithilfe derer verschiedene Aspekte eines Themas erarbeitet werden. Die Autonomie der Schülerinnen und Schüler wird gefördert, denn abgesehen vom zeitlichen Rahmen können die Lernenden relativ frei über ihren Lernpfad und das Tempo entscheiden.

Die Aktivität *Our five senses* macht sich zunutze, dass beim Lernen an Stationen oft unterschiedliche Lernkanäle gewählt werden, um den Schülerinnen und Schülern differenzierte und vielfältige Zugänge zu einem Thema zu bieten und ihre Wahrnehmung sowie Kreativität zu fördern.

Ziele und Vorgehen

Das Trainieren der Sinne (z. B. das bewusste Wahrnehmen von Formen, das Erfühlen von Gegenständen sowie das Unterscheiden von Geräuschen) trägt zu mehr Achtsamkeit bei. Eine achtsame Wahrnehmung hilft uns, Momente intensiver zu erleben und auch die kleinen Dinge des Alltags mehr zu schätzen. Dabei bedeutet achtsam sein auch, Sinneseindrücke bewusst wahrzunehmen (*Wie fühlt sich eine Baumrinde eigentlich genau an?*) sowie diese klar und konkret zu benennen (*Die Baumrinde fühlt sich weich und klebrig an*). Solche und ähnliche Übungen lassen sich gut im Klassenraum, aber auch zu Hause durchführen.

Vor der Stunde bereitet die Lehrkraft fünf Stationen vor, wobei sich jede Station auf einen der fünf Sinne (Sehen, Schmecken, Riechen, Hören, Tasten) konzentriert. Die Stationen sollten so gestaltet sein, dass die Schülerinnen und Schüler Sinneseindrücke erfahren und beschreiben können, z. B. indem sie mit verbundenen Augen Gegenstände erfühlen, Dinge am Geruch erkennen oder ausgehend von einem Bildausschnitt ein Objekt erraten. Bevor die Lernenden sich an die Stationen begeben, zählen sie die fünf Sinne des Menschen auf. Im Klassengespräch wird anschließend darüber gesprochen, welche Erfahrungen uns unsere Sinne ermöglichen und auf welchen Sinn man am ehesten verzichten könnte (Andersen 2020: 38). Wird uns bewusst, dass jeder Sinn uns auf ganz eigene Weise Zugang zu der Welt um uns herum ermöglicht, dann lautet die Antwort: Eigentlich können und wollen wir auf keinen unserer Sinne verzichten. Was aber ist mit Menschen, die mit Beeinträchtigungen einzelner Sinne leben müssen? Ein kurzes Gespräch darüber kann sich nun oder später nach dem Stationenlernen anschließen.

Nun durchlaufen die Schülerinnen und Schüler die Sinnesstraße paarweise. Während Person 1 schmeckt, fühlt, tastet usw., notiert Person 2 die Erfahrungen auf einem Laufzettel, wobei gezieltes Nachfragen nicht nur die Wahrnehmung zusätzlich fokussiert, sondern auch die Kommunikationsfähigkeiten der Lernenden stärkt. So können die Lernenden u. a. den Auftrag bekommen, sich gegenseitig Fragen zu ihren Sinneserfahrungen zu stellen (z. B. *What are you touching right now?*) oder sich über ihre Erfahrungen auszutauschen (*Die Baumrinde hat sich ein bisschen wie meine Haut angefühlt.*).

Falls die Lerngruppe sehr heterogen ist, kann die Aktivität differenziert werden, z. B. indem die Mindestanzahl an Stationen, die besucht werden muss, vorgegeben wird, oder der Schwierigkeitsgrad der Stationen gesteigert wird. Eine digitale Hörstation könnte so gestaltet werden, dass die Schülerinnen und Schüler nicht nur einzelne Geräusche erkennen, sondern diese außerdem Bildern zuordnen. Alternativ können z. B. jeweils zwei Behälter, wie Streichholzschachteln oder die gelben Plastikkapseln aus Ü-Eiern, mit demselben Material (Reis, Salz, Nudeln, Sand, Büroklammern) befüllt werden. Um beim Schütteln den gleichen *sound* zu erhalten, sollte exakt die gleiche Menge abgefüllt werden, denn die Behälter werden an der Lernstation für ein Hör-Memory genutzt: Ziel ist es, wie beim klassischen Memory, Paare zu finden, aber keine Bildpaare, sondern durch Schütteln und genaues Hinhören jeweils die zwei Behälter mit gleichem Inhalt zu erkennen.

Je nach Unterrichtsthema kann der Schwerpunkt des Sinnesparcours frei gewählt werden. Warum nicht einmal eine Sinnesstraße zum Thema Wald gestalten? So wird zusätzlich die Neugier der Lernenden auf die Natur geweckt und ihr Umweltbewusstsein gestärkt. Auch die Kooperation mit anderen Fächern, wie Biologie, ist möglich.

Achtsamkeitsaktivitäten wie diese tragen auch zum sprachlichen Lernen bei, denn wir benötigen Sprache, um Objekte und Sinneserfahrungen zu beschreiben. Je nach Altersgruppe und Schwerpunkt üben die Lernenden Wörter wie Ohr, Nase, Haut und die dazugehörigen Verben wie schmecken, riechen usw. Außerdem werden Formulierungen geübt, mit denen die Lernenden kommunizieren, dass sie etwas mögen bzw. nicht mögen (*I like/don't like the taste of* ...). Das gemeinsame Besuchen der Stationen regt den sprachlichen Austausch der Schülerinnen und Schüler zusätzlich an, denn Erfahrungen werden verbalisiert. Im Anschluss an das Stationenlernen kann im Klassengespräch von Lernerträgen und -erfahrungen berichtet werden, was ein Aufgreifen und Erweitern des geübten Sprachmaterials ermöglicht. Das gemeinsame Gespräch kann Reflexion anstoßen und bietet die Chance, thematisch zu vertiefen, z. B. in Richtung einzelner Sinneserfahrungen und Möglichkeiten, diese als Lernverstärker einzusetzen oder, wie oben erwähnt, in Richtung von Beeinträchtigungen. Basierend auf den Eindrücken der Sinnesstraße kann es Kindern und Jugendlichen leichter fallen, Achtsamkeit, Verständnis und Akzeptanz für Menschen mit Beeinträchtigungen aufzubauen und sich besser in deren Lage einzufühlen.

Our five senses kann nicht nur im Unterricht, sondern auch zu Hause oder unterwegs ganz ohne Hilfsmittel durchgeführt werden. Kinder und Bezugspersonen können z. B. gemeinsam bei einem Spaziergang alle Formen oder Farben zählen, die ihnen begegnen oder kurz die Augen schließen und Geräusche bewusst wahrnehmen. Wahrgenommenes wird so nicht nur in Gedanken beschrieben, sondern verbalisiert und mit anderen geteilt. Diese kleine Übung ist nicht nur für Kinder, sondern auch für Heranwachsende und Erwachsene geeignet. Daneben lässt sich auch das beschriebene Hör-Memory fast ohne Aufwand gemeinsam mit dem Kind basteln und spielen. Die meisten Kinder im Grundschul- und frühen Sekundarschulalter kennen klassisches Memory und spielen es in dieser neuen Form oft besonders gern! Beim Spielen werden kognitive Fähigkeiten und das Arbeitsgedächtnis trainiert sowie genaues Hinhören gefördert. Werden die Behälter gemeinsam befüllt, kann auch die Kreativität angesprochen werden, außerdem wird das Abschätzen oder Abwiegen von Mengen geübt.

Nachwort

Das Schreiben dieses Ratgebers war für uns, Michaela Sambanis und Christian Ludwig, etwas ganz Besonderes und Wichtiges. Mit Begeisterung und Engagement bilden wir an der Universität Lehrkräfte aus und zwar in engem Kontakt zur Praxis. Für uns ist es ein zentrales Anliegen, dass die künftigen Lehrerinnen und Lehrer mit Freude und innerer Stärke in den Beruf gehen können und ihren Schülerinnen und Schülern passende Herausforderungen und positive Lernerfahrungen ermöglichen. Lehrkräfte sollen nicht nur Experten für die Fächer sein, die sie unterrichten, sondern Freude an der Arbeit und Begeisterung fürs Unterrichten empfinden können: *Happy Teaching* für mehr *Happy Learning*.

Zwar lässt sich *happiness* nicht einfach verordnen, aber fördern und stärken. Tipps dazu, wie das gelingen kann, haben wir in diesem Ratgeber zusammengetragen und Hintergrundinformationen bereitgestellt. Ein zentraler Ansatzpunkt ist die Förderung des psychischen Wohlergehens. Sie geschieht nicht nur im pädagogischen Kontext, sondern auch zu Hause – ausgehend von den Schülerinnen und Schülern selbst und unterstützt durch Eltern sowie andere Bezugspersonen. Deswegen nimmt unser Ratgeber nicht nur das Klassenzimmer in den Blick, sondern zeigt ebenso Wege zum Glücklichsein im Alltag auf.

Während unserer Recherchen haben wir Menschen gezielt danach gefragt, was für sie *Happy Learning* bedeutet. Eine Lehrkraft aus Aalen antwortete uns, *Happy Learning* meine für sie, dass „die Lernenden dazu inspiriert und motiviert werden, Lerngegenstände selbstbestimmt zu erarbeiten und den Lernprozess als lohnend zu empfinden". Eine vierzehnjährige Schülerin an einer Berliner Schule sagte: „Es bedeutet für mich, dass es keine Noten gibt". Ein Lernen ohne Leistungsbeurteilung kann dieser Ratgeber zwar nicht bieten, aber er zeigt Wege auf, die Leistungsfähigkeit, Resilienz und Lebensfreude der Lernenden zu stärken und trägt so dazu bei, dass Schülerinnen und Schüler mit mehr Freude und weniger Angst lernen.

Die Forschung belegt Zusammenhänge, teilweise sogar signifikante, zwischen positiven Faktoren, z. B. Optimismus und Resilienz, und Dankbarkeit – ein guter Grund, um auch diesen Ratgeber mit ein paar Worten des Dankes zu schließen:

Zuallererst möchten wir Ihnen danken für das Lesen des Ratgebers. Das ist keine Selbstverständlichkeit. Deshalb ganz ausdrücklich und von Herzen: Danke dafür! Dankbar sind wir im Besonderen für alle, die durch unser Buch selbst zu einer positiven Sichtweise angeregt werden und Heranwachsende dabei unterstützen, ihre Stärken zu finden und diese im positiven Sinn zu entwickeln.

Wir danken außerdem Anastasia Sambanis für die Zeichnungen, Paul Scheffler für die Erstellung der Abbildungen und Dominik Grubecki für das kritische Lesen des Manuskripts und das Erstellen der Verzeichnisse.

Schließlich wollen wir auch dem wunderbaren Team vom Hueber Verlag für die Unterstützung bei der Publikation von *Happy Learning* danken.

Berlin, im November 2023 Michaela Sambanis & Christian Ludwig

---

Prof. Dr. Michaela Sambanis ist Lehrstuhlinhaberin für die Didaktik des Englischen an der Freien Universität Berlin. Sie bildet Lehrkräfte aus und forscht dazu, wie wir erfolgreich und glücklich Sprachen lernen können. Dabei verbindet sie Neurowissenschaften, Psychologie und Didaktik sowie Wissenschaft und Praxis. Wissenschaft soll verständlich und Erkenntnisse müssen für die Praxis nützlich sein. Menschen sollen am Sprachenlernen wachsen können, statt zu verzagen.

Dr. Christian Ludwig ist derzeit Gastprofessor für die Didaktik des Englischen an der Freien Universität Berlin und bildet dort zukünftige Lehrkräfte aus. Ein Hauptschwerpunkt seiner Arbeit ist, neben der Literatur- und Kulturdidaktik, die Förderung der mentalen Gesundheit von Lehrenden und Lernenden im Sprachunterricht. Das Ziel ist, Achtsamkeit, Resilienz und positive Selbstwahrnehmung zu stärken, um das Lernen neuer Sprachen erfolgreich zu gestalten.

Aktivitätenverzeichnis

Schlagwortverzeichnis

Abbildungs- und Bildquellenverzeichnis

Literatur

Andersen, A. (2021): *Achtsamkeit im Unterricht: Konzentration, Entspannung und Wahrnehmung trainieren*. Berlin: Cornelsen.

Arndt, P. A. & Sambanis, M. (2017): *Didaktik und Neurowissenschaften – Dialog zwischen Wissenschaft und Praxis*. Tübingen: Narr.

Autor:innengruppe Bildungsberichterstattung (2022): *Bildung in Deutschland 2022: Ein indikatorengestützter Bericht mit einer Analyse zum Bildungspersonal*. Bielefeld: wbv.

Bauer, J. (2006): *Prinzip Menschlichkeit: Warum wir von Natur aus kooperieren*. Hamburg: Hoffmann und Campe.

Beck, H. (2014): *Hirnrissig: Die 20,5 größten Neuromythen – und wie unser Gehirn wirklich tickt*. München: Carl Hanser.

Blickhan, D. (2021): *Positive Psychologie und Coaching: Von der Lösungs- zur Wachstumsorientierung*. Paderborn: Junfermann.

Block, J. & Block, J. H. (1977): *The Developmental Continuity of Ego Control and Ego Resiliency: Some Accomplishments* [Conference Paper]. New Orleans: Society for Research in Child Development.

Böttger, H. & Sambanis, M. (2021): *Sprachen lernen in der Pubertät*. 2. Aufl. Tübingen: Narr.

Brohm, M. & Endres, W. (2017): *Positive Psychologie in der Schule: Die »Glücksrevolution« im Schulalltag*. 2. Aufl. Weinheim/Basel: Beltz.

Carney, D. R., Cuddy, A. J. C. & Yap, A. J. (2010): Power posing: brief nonverbial displays affect neuroendocrine levels and risk tolerance. In: *Psychological Science* 21(10), 1363-1368.

Carsley, D., Khoury, B. & Heath, N. L. (2018): Effectiveness of mindfulness interventions for mental health in schools: A comprehensive meta-analysis. In: *Mindfulness* 9(3), 693-707.

Carter, R. (2014): *Das Gehirn: Anatomie, Sinneswahrnehmung, Gedächtnis, Bewusstsein, Störungen. München*: Dorling Kindersley.

Chen, X., Vallerand, R. J. & Padilla, A. M. (2021): On the Role of Passion in Second Language Learning and Flourishing. In: *Journal of Happiness Studies* 22(2), 2761-2779.

Csíkszentmihályi, M. (1975): *Beyond Boredom and Anxiety*. Washington: Jossey-Bass Publishers.

Danner, D. D., Snowdon, D. A. & Friesen, W. V. (2001): Positive Emotions in Early Life and Longevity: Findings from the Nun Study. In: *Journal of Personality and Social Psychology* 80(5), 804-813.

Doepfner, U. (2022): *Der Schatz des Selbstwerts: Was Kinder ein Leben lang trägt*. Weinheim/Basel: Beltz.

Dundas, I., Vøllestad, J., Binder, P.-E. & Sivertsen, B. (2013): The Five Factor Mindfulness Questionnaire in Norway. In: *Scandinavian Journal of Psychology* 54(3), 250-260.

Emmons, R. A. & McCullough, M. E. (2003): Counting blessings versus burdens: An experimental investigation of gratitude and subjective well-being in daily life. In: *Journal of Personality and Social Psychology* 84(2), 377-389.

Finch, J., Farrell, L. J. & Waters, A. M. (2020): Searching for the HERO in Youth: Does Psychological Capital (PsyCap) Predict Mental Health Symptoms and Subjective Wellbeing in Australian School-Aged Children and Adolescents? In: *Child Psychiatry & Human Development* 51, 1025-1036.

Frederickson, B. (2009): *Positivity: Groundbreaking research reveals how to embrace the hidden strength of positive emotions, overcome negativity, and thrive*. Crown Publishers/Random House.

Frederickson, B. L., Mancuso, R. A., Branigan, C. & Tugade, M. M. (2000): The Undoing Effect of Positive Emotions. In: *Motivation and Emotion* 24(4), 237-258.

Frick, J. (2018): *Resilienzförderung in der Schule: Möglichkeiten, Chancen und Grenzen* [Tagung Universität Zürich, 24.8.2018].

Fröhlich-Gildhoff, K. & Rönnau-Böse (2019): *Resilienz*. 5. Aufl. München: Ernst Reinhardt.

Fröhlich-Gildhoff, K. & Rönnau-Böse (2021): Resilienz und Resilienzförderung im Jugendalter (Adoleszenz). In: Fröhlich-Gildhoff, K. & Rönnau-Böse, M. (Hrsg.): *Menschen stärken: Resilienzförderung in verschiedenen Lebensbereichen*. Wiesbaden: Springer, 175-184.

Goodman, W. (2022): *Toxic Positivity: Keeping It Real in a World Obsessed with Being Happy*. New York: TarcherPerigee.

Gravelmann, R. (2022): *Jugend in der Krise: Die Pandemie und ihre Auswirkungen*. Weinheim/Basel: Beltz.

Hattie, J. (2012): *Visible Learning for Teachers: Maximizing Impact on Learning*. London/New York: Routledge.

Hattie, J. & Yates, G. C. R. (2013): *Visible Learning and the Science of How We Learn*. London: Routledge.

Häuptle-Barceló, M. (2018): Achtsam lernen im Fremdsprachenunterricht – was bedeutet das? Warum Achtsamkeitsübungen den Fremdsprachenunterricht bereichern. In: *Praxis Fremdsprachenunterricht Englisch* 6, 8-11.

Höfler, M. M. A. (2016): Bewältigungskapazität als Bildungsauftrag: Resilienz aus Perspektive der Erwachsenenbildung. In: Wink, R. (Hrsg.): *Multidisziplinäre Perspektiven der Resilienzforschung*. Wiesbaden: Springer, 101-122.

ISB – Staatsinstitut für Schulqualität und Bildungsforschung München (2021): *Resilienzforschung in der Schule: Aktive Gesundheitsvorsorge durch praktische Übungen zur Förderung der psychischen Widerstandskraft*.

Jensen, H. (2014): *Hellwach und ganz bei sich: Achtsamkeit und Empathie in der Schule*. Weinheim/Basel: Beltz.

José, M. (2016): *Positive Psychologie und Achtsamkeit im Schulalltag: Förderung der Empathie*. Wiesbaden: Springer.

Kabat-Zinn, J. (2005): *Whereever You Go There You Are: Mindfulness Meditation in Everyday Life*. New York: Hachette Books.

Kabat-Zinn, J. (2011): *Gesund durch Meditation: Das große Buch der Selbstheilung mit MBSR*. München: O. W. Barth.

Kabat-Zinn, J. (2015): Mindfulness. In: *Mindfulness* 6(6), 1481-1483.

Kirmayer, L. J. (2015): Mindfulness in cultural context. In: *Transcultural Psychiatry* 52(4), 447-469.

Kixmüller, J. (2023): *Jugend im Dauerkrisenmodus: Vor allem die Jüngeren sind gestresst*.

KMK – Kultusministerkonferenz (2018): *Demokratie als Ziel, Gegenstand und Praxis historisch-politischer Bildung und Erziehung in der Schule* [Beschluss der Kultusministerkonferenz vom 06.03.2009 i. d. F. vom 11.10.2018].

Körner, R., Röseler, L., Schütz, A. & Bushman, B. J. (2022): Dominance and Prestige: Meta-Analytic Review of Experimentally Induced Body Position Effects on Behavioral, Self-Report, and Physiological Dependent Variables. In: *Psychological Bulletin* 148(1-2), 67-85.

Kötter, M. (2016): Selbstaddressiertes Sprechen junger (Fremd-)Sprachenlerner: Stand der Forschung und möglichen Implikationen für die Praxis im fremdsprachlichen Klassenraum. In: Kreyer, B., Güldenring, B. & Schaub, S. (Hrsg.): *Angewandte Linguistik in Schule und Hochschule: Neue Wege für Sprachunterricht und Ausbildung*. Frankfurt am Main: Peter Lang, 75-99.

Kötter, M. (2022): *Wortschatzarbeit im Fremdsprachenunterricht: Grundlagen und Praxis in Primarstufe und Sekundarstufe I*. 2. Aufl. Hannover: Kallmeyer.

Landhäußer, A. & Keller, J. (2012): Flow and Its Affective, Cognitive, and Performance-Related Consequences. In: Engeser, S. (Hrsg.): *Advances in Flow Research*. New York: Springer, 65-85.

Langer, E. J. (1989): *Mindfulness*. Reading: Addison-Wesley.

Lermer, E. (2019): *Positive Psychologie*. München: Ernst Reinhardt.

Liu, J. J. W., Ein, N., Gervasio, J., Battaion, M. & Fung, K. (2022): The Pursuit of Resilience: A Meta-Analysis and Systematic Review of Resilience-Promoting Interventions. In: *Journal of Happiness Studies* 23, 1771-1791.

Ludwig, C. (2022): *Digital Englisch unterrichten: Grundlagen, Impulse und Perspektiven*. Hannover: Klett Kallmeyer.

Ludwig, C. & Sambanis, M. (2022): *English and beyond: Impulse zur Förderung von Mehrsprachigkeit im Englischunterricht*. Augsburg: Brigg.

Ludwig, C. & Sambanis, M. (2024): Gender and Adolescent Mental Health: Building Students Resilience through Authentic Media and Drama Activities. In: Ludwig, C., Summer, T., Eisenmann, M., Becker, D. & Krüger, N. (Hrsg.): *Mental Health in Foreign Language Education*. Tübingen: Narr.

Lueke, A. & Lueke, N. (2019): Mindfulness improves verbal learning and memory through enhanced encoding. In: *Memory & Cognition* 47(8), 1531-1545.

Luthans, F., Luthans, K. W. & Luthans, B. C. (2004): Positive psychological capital: Beyond human and social capital. In: *Business Horizons* 47(1), 45-50.

Maguire, T. (2006): Emotional literacy. In: *English Teaching Professional* 44, 25-27.

Malouff, J. M. & Schutte, N. S. (2017): Can psychological interventions increase optimism? A meta-analysis. In: *The Journal of Positive Psychology* 12(6), 594-604.

McElvany, N., Lorenz, R., Frey, A., Goldhammer, F., Schilcher, A. & Stubbe, T. C. (2023): *Lesekompetenz von Grundschulkindern im internationalen Vergleich und im Trend über 20 Jahre*. Münster/New York: Waxmann.

Moafian, F., Khoshsima, H., Fadardi, J. S. & Pagnini, F. (2019): Langerian mindfulness and language learning. In: *Cogent Psychology* 6(1), 1-9.

Mocker, D. (2018): *Warum es besser ist, abwechslungsreich zu fühlen*.

Müller, K. & Schwarz, C. (2021): Fanning the Flames of Hate: Social Media and Hate Crime. In: *Journal of the European Economic Association* 19(4), 2131-2167.

OECD & Vodafone Stiftung Deutschland (2018): *Erfolgsfaktor Resilienz*.

Oettingen, G. (2015): *Die Psychologie des Gelingens*. München: Droemer.

Oxford, R. L. (2016): Toward a Psychology of Well-Being for Language Learners: The 'EMPATHICS' Vision. In: MacIntyre, P. D., Gregersen, T. & Mercer, S. (Hrsg.): *Positive Psychology in SLA*. Bristol/Buffalo/Toronto: Multilingual Matters, 10-89.

Paganini-Hill, A., Kawas, C. H. & Corrada, M. M. (2016): Lifestyle Factors and Dementia in the Oldest-old: The 90+ Study. In: *Alzheimer Disease and Associated Disorders* 30(1), 21-26.

Preston, S. D. & de Waal, F. B. M. (2017): Only the PAM explains the personalized nature of empathy. In: *Nature Reviews Neuroscience* 18, 769.

Radack, B. M., Luckett III, T., Fish, W. W. & Austin, G. P. (2022): The Predictive Relationship Between Psychological Capital and Academic Burnout in Postgraduate Students. In: *Internet Journal of Allied Health Sciences and Practice* 20(4), Article 2 (o. S.).

Ravens-Sieberer, U., Devine, J., Napp, A.-K., Kaman, A., Saftig, L., Gilbert, M., Reiss, F., Löffler, C., Simon, A., Hurrelmann, K., Walper, S., Schlack, R., Hölling, H., Wieler, L. H. & Erhart, M. (2022): Three Years into the Pandemic: *Results of the Longitudinal German COPSY Study on Youth Mental Health and Health-Related Quality of Life*. Preprint.

Reivich, K. & Shatté, A. (2002): *The Resilience Factor: 7 Keys to Finding Your Inner Strength and Overcoming Life's Hurdles*. New York: Broadway Books.

v. Richthofen, C. & Vitzthum, N. (2023): *Praxisbuch Resilienz und Balance: Coaching-Kompetenz: Methoden und Tools*. Weinheim/Basel: Beltz.

Ritchie, S. (2020): *Science Fictions: Exposing Fraud, Bias, Negligence and Hype in Science*. London: Bodley Head.

Ronen, T. (2021): The Role of Coping Skills for Developing Resilience Among Children and Adolescents. In: Kern, M. L. & Wehmeyer, M. L. (Hrsg.): *The Palgrave Handbook of Positive Education*. Cham: Palgrave Macmillan.

Rönnau-Böse, M. (2013): *Resilienzförderung in der Kindertageseinrichtung: Evaluation eines Präventionsprojekts im Vorschulalter*. Freiburg i. Br.: FEL.

Rosenberg, M. B. & Chopra, D. (2015): *Nonviolent Communication: A Language of Life*. 3. Aufl. Encinitas: Puddle Dancer Press.

Sambanis, M. (2013): *Fremdsprachenunterricht und Neurowissenschaften*. Tübingen: Narr.

Sambanis, M. (2020): Neurophysiologische Aspekte von Mehrsprachigkeit. In: Gogolin, I., Hansen, A., McMonagle, S. & Rauch, D. (Hrsg.): *Handbuch Mehrsprachigkeit und Bildung*. Wiesbaden: Springer, 61-66.

Sambanis, M. (2023): Theateraktivitäten im Fremdsprachenunterricht: Kreativität fördern, funktionalkommunikative Kompetenzen entfalten. In: *FLuL – Fremdsprachen Lehren und Lernen* 52(1), 88-101.

Sambanis, M. & Walter, M. (2020): *In Motion – Theaterimpulse zum Sprachenlernen: Von neuesten Befunden der Neurowissenschaft zu konkreten Unterrichtsimpulsen*. 2. Aufl. Berlin: Cornelsen.

Sambanis, M. & Walter, M. (2022): *Make it work! Interaktive Impulse zum Sprachenlernen: Von neuesten Befunden der Neurowissenschaft zu konkreten Unterrichtsimpulsen*. Berlin: Cornelsen.

Schilitz, J. K. (2021): *Lernen mit Bewegung und Lernen in Entspannung: Effekte auf die Wortschatzaneignung im Englischunterricht der gymnasialen Oberstufe*. Tübingen: Narr.

Schnetzer, S. (2023): *Trendstudie „Jugend in Deutschland 2023" mit Generationenvergleich – Pressekonferenz.*

Schnetzer, S., Hurrelmann, K. & Hampel, K. (2023): *Trendstudie Jugend in Deutschland: Aktuelle Krisen belasten Jüngere stärker als Ältere – ein Generationenkonflikt bleibt aus* [Sonderedition mit Generationenvergleich]. Kempten: Datajockey.

Seligman, M. E. P. (1990): *Learned Optimism: How to Change Your Mind and Your Life*. New York: PocketBooks.

Seligman, M. (2011): *Flourish – Wie Menschen aufblühen: Die positive Psychologie des gelingenden Lebens*. München: Kösel.

Seligman, M. E. P., Ernst, R. M., Gillham, J., Reivich, K. & Linkins, M. (2009): Positive education: positive psychology and classroom interventions. In: *Oxford Review of Education* 35(3), 293-311.

Shapiro, S. (2020): *Rewire Your Mind: Discover the Science + Practice of Mindfulness*. London: Aster.

Shapiro, S. L., Carlson, L. E., Astin, J. A. & Freedman, B. (2006): Mechanisms of mindfulness. In: *Journal of Clinical Psychology* 62(3), 373-386.

Spitzer, M. (2019): Smartphones – so ungefährlich wie Kartoffeln? Über vermeintlich neue wissenschaftliche Erkenntnisse zur Ungefährlichkeit von Bildschirmmedien und unverantwortlichen Lobbyismus. In: *Nervenheilkunde* 38(3), 90-96.

Spitzer, M. (2021): *Was ist Glück?* München: mvg.

Thun-Hohenstein, L., Lampert, K. & Altendorfer-Kling, U. (2020): Resilienz – Geschichte, Modelle und Anwendung. In: *Zeitschrift für Psychodrama und Soziometrie* 19, 7-20.

Ting-Toomey, S. (1999): *Communicating Across Cultures*. New York: The Guilford Press.

Tse, D. C. K., Nakamura, J. & Csíkszentmihályi, M. (2022): Flow Experiences Across Adulthood: Preliminary Findings on the Continuity Hypothesis. In: *Journal of Happiness Studies* 23(3), 2517-2540.

Uslucan, H.-H., Şentürk, İ. & Yalcin, C. S. (2021): Skizzen einer kultursensiblen Resilienzförderung. In: Fröhlich-Gildhoff, K. & Rönnau-Böse, M. (Hrsg.): *Menschen stärken: Resilienzförderung in verschiedenen Lebensbereichen*. Wiesbaden: Springer, 157-174.

Vedder, G. (2021): Glück und Glückskompetenz. In: Genkova, P. (Hrsg.): *Handbuch Globale Kompetenz*. Wiesbaden: Springer, 1-13.

Walker, C. J. (2010): Experiencing Flow: Is Doing It Together Better Than Doing It Alone? In: *The Journal of Positive Psychology* 5(1), 3-11.

Werner, E. E. & Smith, R. S. (1982): *Vulnerable but Invincible: A Longitudinal Study of Resilient Children and Youth*. New York: McGraw-Hill.

Werner, E. E. & Smith, R. S. (2001): *Journeys from Childhood to Midlife: Risk, Resilience, and Recovery*. Ithaca: Cornell University Press.

WHO – World Health Organization (1994): *Life Skills Education for Children and Adolescents in Schools: Introduction and Guidelines to Facilitate the Development and Implementation of Life Skills Programmes* [WHO/MNH/PSF/93.7A.Rev.2].

Williams, M. & Penman, D. (2011): *Mindfulness: An Eight-Week Plan for Finding Peace in a Frantic World*. Emmaus: Rodale Books.

Wustmann, C. (2004): *Resilienz: Widerstandsfähigkeit von Kindern in Tageseinrichtungen fördern*. Weinheim/Basel: Beltz.

Zeilhofer, L. (2021): Achtsam im Fremdsprachenunterricht? Ein Forschungsüberblick über Meditation in der Lehre. In: *ドイツ文學研究* 66, 1-28.